职业院校电子商务专业精品系列课程

网络营销实务

主　编　张达东
　　　　李冰梅
副主编　陈家思
　　　　代丽丽
　　　　周　璇

中国财富出版社

图书在版编目（CIP）数据

网络营销实务 / 张达东，李冰梅主编．—北京：中国财富出版社，2018.12

（职业院校电子商务专业精品系列课程）

ISBN 978-7-5047-6841-4

Ⅰ.①网…　Ⅱ.①张…　②李…　Ⅲ.①网络营销-职业教育-教材　Ⅳ.①F713.365.2

中国版本图书馆 CIP 数据核字（2018）第 276370 号

策划编辑 李彩琴　**责任编辑** 戴海林　孟　婷

责任印制 尚立业　**责任校对** 孙丽丽　**责任发行** 杨　江

出版发行 中国财富出版社

社　　址 北京市丰台区南四环西路 188 号 5 区 20 楼　**邮政编码** 100070

电　　话 010-52227588 转 2098（发行部）　010-52227588 转 321（总编室）

010-52227588 转 100（读者服务部）　010-52227588 转 305（质检部）

网　　址 http://www.cfpress.com.cn

经　　销 新华书店

印　　刷 北京京都六环印刷厂

书　　号 ISBN 978-7-5047-6841-4/F·3067

开　　本 787mm×1092mm　1/16　**版　　次** 2019 年 9 月第 1 版

印　　张 12.25　**印　　次** 2019 年 9 月第 1 次印刷

字　　数 276 千字　**定　　价** 39.80 元

内容简介

本书共分为 9 个学习任务，主要内容包括走进网络营销、网络营销环境与技术应用、网络营销基本策略、网络营销受众分析、全方位网络营销、网上市场调查与信息发布、E－mail 营销、网络广告及网络营销活动策划。每一章节都有“EQ 驿站”部分，有助于教师开展对学生的德育教育。另外，书中还附带二维码，通过扫描书中的二维码，学生可以进行相关知识的自学，寓教于乐的同时，更加体现了网络营销的特点。本书内容实用，实例丰富，讲解透彻，语言通俗易懂。可作为中等职业教育电子商务、工商管理、物流管理、市场营销等专业教材，也可作为成人函授、自学考试或高职高专等相关专业的教材，还可作为相关技术人员的参考用书。

前　言

21 世纪，人类社会已经进入网络经济时代。网络的出现与应用带来社会生产力的革命性发展。网络营销已经成为先进的营销形式，在企业营销竞争中发挥越来越重要的作用。

本书是一部以实践应用为导向的网络营销基础教程。在吸收国内外网络营销的最新资料和成果的基础上，本书从中职教育特点及营销人员的需求出发，提倡新的教学三部曲：提出问题—解决问题—归纳分析，培养应用型人才。为了方便学生学习，还特意设置了二维码，通过扫描书中的二维码，学生可以进行相关知识的自学，在寓教于乐的同时，更加体现了网络营销的特点。

全书重点对网络营销基本知识、网络营销环境与技术应用、网上市场调查与信息发布、网络营销受众分析、网络营销基本策略、网络广告、E－mail 营销、网络营销常用的工具和方法及网络营销战略计划进行了系统的介绍。在每章都配有“任务提出”“任务分析”“任务分解”“任务总结”“EQ 驿站”等内容。

本书由锦州市现代服务学校张达东、李冰梅、陈家思、代丽丽、周璇、廉玉昆、张鑫、苏美等老师共同完成编写。

本书编写中参考了较多文献资料，在此，对这些文献资料的原创者致以诚挚的感谢！在本书写作过程中，曾得到许多人的帮助。科学出版社对整体编写工作给予了高度重视，给予了大力支持，为本书大纲的审定和统稿工作提供了企业的前沿信息和资料，特此致谢！由于编著者学识和经验的局限，书中缺点、错误在所难免，敬请读者批评指正，共同促进网络营销的发展！

编者

2019 年 3 月

目　　录

任务一　走进网络营销

任务提出

对于网络营销，每个人可能都有自己的理解。有的人认为网络营销就是在网上卖东西，也有的人认为在网上发布一些供求信息或者向潜在用户发送电子邮件就是网络营销。应该说，这些观点都从某些方面反映出了网络营销的职能，但远远不是网络营销的实质。那么到底什么才是网络营销呢?

任务分析

为了能够更加全面、系统地理解这一新型营销模式，我们需要在传统营销的基础上比较分析，从不同的层面理解网络营销的深刻含义。因此，本次任务涉及如下内容。

1. 什么是传统营销

概括地理解传统营销是为了更好地把握网络营销，因此，在学习什么是网络营销之前很有必要对传统营销加深印象。

2. 网络营销是如何发展起来的

我们需要了解网络营销的发展历程，以便更加准确地把握网络营销的精髓。

3. 网络营销和传统营销是什么关系

从不同的角度比较分析网络营销与传统营销，厘清两者之间的关系，使消费者能够准确地选择营销方式。

4. 什么是网络营销

我们需要从网络营销的方法、优势、内容等多方面加深对网络营销的理解，以便更加全面地认识这一营销方式。

任务分解

为了更好地理解网络营销，我们将本任务分解成如下两个课题。

课题一：分析网络营销与传统营销的关系

课题二：网络营销定义的理解

课题一　分析网络营销与传统营销的关系

要想正确把握网络营销与传统营销的关系，我们可以从以下两个方面分析：

- 网络营销与传统营销的联系
- 网络营销与传统营销的区别

网络营销是以互联网为主要手段、为达到一定营销目标而进行的营销活动，它贯穿于企业开展网上经营的整个过程。

网络营销可视为一种新兴的营销渠道，它并非一定要取代传统营销，而是利用信息技术的发展，创新与重组营销渠道。不论是传统营销还是网络营销，营销的目标都是使顾客的需要和欲望得到满足。网络营销只不过是借助互联网络、电脑通讯和数字交互式媒体的力量来实现这一目标。网络营销和传统营销两者之间既有联系又有区别。

一、网络营销与传统营销的联系

通常情况下，人们将网络营销出现之前已经成熟的营销理论和方法称为传统营销，习惯于以互联网技术为基础，借助互联网平台提供服务并获取收益的企业称为网络企业，将网络企业之外的其他企业统称为传统企业。其实，无论是传统企业还是网络企业，它们基本的营销原理是相同的，仅仅在一些方法上略有不同。传统营销和网络营销之间并没有严格的界限，网络营销理论不可能脱离传统营销理论，营销理论本身也无所谓新旧之分，理论用以指导实践，只要是有效的，就是正确的。网络营销与传统营销具有一致的目的，并且在营销策略上可以实现目的的融合。网络营销和传统营销之间的关系如图 1－1 所示。

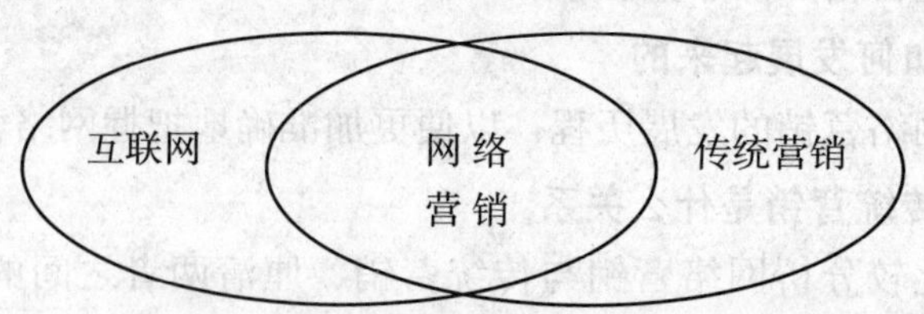

图 1－1　网络营销和传统营销的关系

①有着相同的目标，都是使顾客的需要和欲望得到满足，只不过借助于网络，网上营销可以更容易、更好地实现营销目标。

②营销的基本要素仍然是产品、价格、促销和渠道这四个方面，只是在网络营销中这四个要素的内容有了变化。

③并行不悖，谁也无法取代谁，而且往往两者互相配合，网上营销手段可为传统商务服务，传统营销手段也可为网上的电子商务服务。

因此，网络营销并非独立的，而是企业整体营销策略的重要组成部分，网上营销与网下营销相结合，形成一个相辅相成、互相促进的营销体系。

二、网络营销与传统营销的区别

依托互联网而产生的网络营销，作为一种新的营销理念和营销方法，已经成为各国市场营销发展的趋势，并具有无可替代的功能。网络营销是人类经济、科技、文化发展的必然产物，是传统市场营销在网络环境下的继承、发展和创新，网络营销较之传统营销，从理论到方法都有了很大的变化，这种变化表现在以下方面。

（一）理念的转变

无论是网络营销还是传统营销，都要确定目标群体。但是从理论上来讲，任何两个消费者都不可能完全相同。传统营销很难将目标消费者的需求从广大消费者中剥离出来。网络营销的出现，使大规模目标市场向个人目标市场的转化成为可能。通过网络，企业可以收集大量信息来反映消费者的不同需求，从而使企业的产品更能满足顾客的个性化需求。

（二）沟通方式的转变

营销活动需要商家采用不同的方式和手段将商品信息传递给消费者。传统的信息传递方式是单向的，内容是单一的，消费者往往是被动接受的，效果并不明显。网络营销环境下，这种信息的传递和沟通方式发生了变化。

1. 信息输送的改变

传统营销采用传统的媒体广告、公关等方式向消费者提供单向的信息传输。信息传送后，企业难以及时得到消费者的反馈信息，因此企业生产经营策略和营销方式的调整往往会滞后一步，这必然会影响企业目标和企业盈利的实现。消费者总处于被动地位，他们只能根据广告等在媒体中出现的频率、广告的创意等来决定是否购买，很难进一步了解有关产品功能、性能等的指标，如图1－2所示。

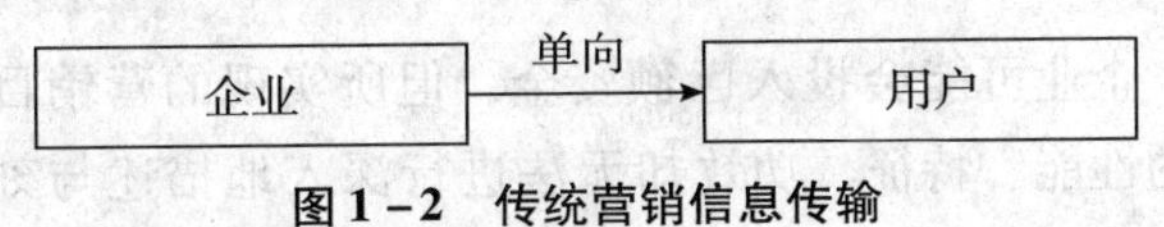

图1－2　传统营销信息传输

互联网的出现使传统的单向信息沟通方式转变为交互式信息沟通方式成为可能。企业以交互式信息沟通方式，一方面把信息及时地、源源不断地传递给消费者和公众，另一方面在网络上可以观察与收集市场反应，从而最大限度地加强与购买者和潜在购买者之间的信息沟通。企业通过互联网为用户提供丰富的产品信息，用户通过网络向企业反馈信息。这是网络营销与传统的市场营销最大的一个差别，如图1－3、图1－4所示。

2. 信息内容的局限性

传统营销中，信息传播的直接途径是传统广告。在报纸、杂志、广播、电视等传

图1-3 网络营销信息传输

图1-4 某网上超市首页

统媒体上发布广告，企业可能会投入巨额资金，但所实现的营销目标也许只是企业的形象宣传，对产品的性能、特征、功效却无法进行深入地描述与刻画。互联网的出现在很大程度上弥补了上述传统营销在沟通方面的不足。互联网在理论上具有无限的信息储存空间和传输空间，企业可以在互联网上利用各种方式，为用户提供丰富的产品信息以及所有与产品有关的其他信息，即使在一句十分简短的广告语中，企业也可以通过链接的方式很容易地将客户带到他所感兴趣的企业产品和服务页面上。

（三）营销策略的改变

传统营销中常用的是4P组合策略，即产品（Product）、价格（Price）、渠道（Place）和促销（Promotion），如果一个营销组合中包括合适的产品、恰当的价格、有效的分销和促销策略，那么这将是一个成功的营销组合。

随着市场竞争的日益激烈，产品、价格、营销手段愈发趋于同质化，互相模仿的现象比较严重，新环境下的企业营销实践需要新理论的指导和补充，因此，4C 理论应运而生。4C 包括消费者的需要及欲望（Consumer Wants and Needs）、消费者获取满足的成本（Cost to Satisfy Wants and Needs）、消费者购买的方便性（Convenience to Buy）、消费者的沟通（Communication）。不管是强调 4P 还是追求 4C，任何一种观念都应该基于这样一个前提：企业必须在产品的设计阶段就开始充分考虑消费者的需求与意愿。网络环境下，企业可以通过电子公告栏、在线论坛和电子邮件等方式，与消费者进行沟通、收集反馈，提高消费者的参与度和积极性，使企业决策有的放矢，从根本上提高消费者的满意度。

（四）网络营销对传统营销的冲击

网络营销，作为一种全新的营销理念和营销方式，从根本上改变了传统营销的思路和格局，动摇了传统营销的理论根基和管理章法，势必对传统营销造成巨大的冲击，这种冲击的能量和震撼的力度是巨大的，突出表现在以下几方面。

1. 对产品的冲击

互联网可以在全球范围内进行市场调研，通过互联网，企业可以迅速获得关于产品概念和广告效果测试的反馈信息，也可以测试消费者的认同程度，从而更加容易地对消费者的行为方式和偏好进行跟踪。因此，在互联网大量使用的情况下，满足消费者的个性化需求是完全可以实现的。

2. 对价格的冲击

在互联网普及的今天，企业产品的定价策略将改变以企业为主导的现状，消费者将成为价格确定的主体。如果企业某种产品的价格标准不统一或经常改变，消费者将会通过互联网认识到这种价格的差异，并可能因此对企业产生不满。所以相对于目前的各种传统媒体来说，互联网先进的网络浏览功能会使变化不定的且存在差异的价格水平趋于一致。

3. 对渠道的冲击

在传统营销渠道中，中间商是其重要的组成部分，营销中间商借助其业务往来关系、经验、专门化和规模经营，提供给公司的利润通常高于自营商店所能获取的利润。但互联网的发展和商业应用，使得传统营销中间商凭借地缘关系获取的优势被互联网的虚拟性所取代，改变了过去传统营销渠道的诸多环节，将错综复杂的关系简化为单一关系。

4. 对顾客关系的冲击

互联网提供内容广泛的产品或者服务信息，并把这种内容同便捷的沟通和通信环境结合起来，创造一个能大面积产生并传播信息的环境。当互联网这个虚拟的社会在组织信息和进行信息交易时，网络信息中介商便应运而生，它使消费者在与卖家讨价还价时处于主动地位，帮助消费者向卖家索取更多的价值。

扫一扫，查看“微信红包：春晚最大赢家 110 亿人摇出 5 亿元”。

实例 1–1 微信春晚抢红包：跨屏互动，裂变传播

春节将近，互联网公司的“红包大战”一触即发。微信、微博等社交平台正将红包变身为新的广告营销平台，而微信红包也将与央视春晚合作，在 2015 年春节期间开辟新玩法：在春晚节目进行过程中由主持人让观众一起“摇一摇”抢红包，而红包则由广告品牌商赞助，抢到的红包也将显示“某品牌给你发了一个红包”的类似内容。

点评：这一举措，正式将微信红包从个人社交场景转向了企业营销场景，并让微信借助春晚“列车”，在中国进行广泛的市场渗透，推动“微信支付”向三四线市场发展，而且，红包还由广告主买单，这无疑是一个多方共赢的策略。此外，广告主的信息不仅在电视上呈现，还会伴随着人们抢红包和分享红包的过程继续传播，层层递进。微信红包改变了传统的单向、单层的传播模式，顺着微信群的“强关系”，品牌信息将会带来多层的裂变式传播。

互联网在市场营销中所起到的主要作用在于使消费者这一角色在整个营销过程中的地位得到提升。网络互动的特性使消费者能真正参与到整个营销活动的过程中，消费者不仅增强了参与的主动性，而且其选择的主动性也得到了加强。在满足用户个性化消费需求的驱动下，企业在设法探寻一种现代市场营销的思想，以迎合这一消费市场的变化，满足消费者的需求。这就要求企业建立起以服务为主的经营理念，以消费者为中心，将网络营销与传统营销合理结合，为消费者提供适时、适地、适情的服务，使消费者的个性化需求不断得到满足，建立起对公司产品的忠诚意识，使企业和消费者的关系变得非常紧密，甚至牢不可破，形成一对一的营销关系。

课题二 网络营销定义的理解

要想更加深入、透彻地了解网络营销，我们可以从以下几个方面分析：

- 网络营销的定义
- 网络营销的特点
- 网络营销的内容
- 网络营销的发展

网络营销以信息技术为基础，目前信息技术的发展，特别是通信技术的发展，促使互联网形成辐射面更广、交互性更强的新型媒体，它不再局限于传统的广播、电视等媒体的单向性传播，而是可以与媒体的接受者进行实时沟通和联系。如何在如此潜力巨大的市场上开展网络营销，占领新兴市场，对企业来说既是机遇又是挑战。

一、网络营销的定义

十八世纪中叶，随着第一次产业革命在英国的兴起，机械化大生产的社会生产方式在一些资本主义国家迅速得到了确立，这标志着工业经济时代的诞生。在过去的两个多世纪里，这种生产方式深刻地改变着人类的生活与消费方式，进而导致了营销理论的不断创新。在工业经济时代，企业营销理论先后经历了生产观念、产品观念、推销观念、市场营销观念、社会营销观念以及生态营销观念的变化发展。在这一演变过程中，推动营销观念更新的主要力量是生产方式与消费方式的变化。当前，网络经济已初现锋芒，而作为推动网络经济发展的科学技术，正以其巨大的威力深刻地影响着人类的生产和消费方式，这也必然引起企业营销观念的创新，网络营销应运而生。

对网络营销目前国际上并没有统一的定义，与许多新型学科一样，由于研究人员对网络营销的研究角度不同，所以对网络营销的理解和认识也有较大差异。我们可以将其理解为以互联网为媒体，以新的方式、方法和理念实施营销活动，更有效地促成个人和组织交易活动实现的新型营销模式。它是企业整体营销战略的重要组成部分。为更好把握这一概念，我们可以从以下几个方面进行理解。

（一）网络营销是手段而不是目的

网络营销具有明确的目的和手段，但网络营销本身不是目的，它是营造网上经营环境的过程，是综合利用各种网络营销方法和工具实现企业营销目的的手段。网络营销的目的是更有效地促成个人和组织交易活动的实现。

（二）网络营销不是孤立的

网络营销是企业整体营销战略的一个组成部分，不可能脱离任何环境而独立存在。无论网络营销处于主导地位还是辅助地位，都是互联网时代市场营销中必不可少的内容。

（三）网络营销不只是网上销售

网络营销是为实现产品销售目的而进行的一项基本活动，网上销售是在网上开展的商品交易活动，是网络营销发展到一定阶段产生的结果。网络营销不只是网上销售，它的效果表现在多个方面，例如提升企业品牌价值、加强与客户之间的沟通、拓展对外信息发布的渠道、提高服务水平等。网络营销并不仅仅是为了促进网上销售，很多情况下，网络营销活动不一定能直接实现网上销售的目的，但是可能会促进网下销售，并且增加消费者的忠诚度。

（四）网络营销不单纯是一种网络技术

网络营销是在互联网基础上发展起来的，但这并不表示网络营销只是一种网络技术。网络是手段，营销才是实质。只有依托于网络这一先进的技术，营销活动才能更有效、更成功地开展；但同时，网络营销不仅是一种技术表现，还需要通过网络技术达到促成交易活动实现的目的，实现企业的利润。

（五）网络营销不等于电子商务

电子商务与网络营销都是借助计算机网络来进行的经济活动，都包括面向市场的、以市场交易为中心的活动。但是从定义上看，电子商务是从国家宏观角度出发，着重于围绕商务活动而进行的基础设施建设、网络信息技术以及各种配套技术设施的建设等各方面活动的总体规划；网络营销则多是从企业微观角度出发，着重于企业借助网络进行的市场营销活动，多用于市场营销研究领域与企业界，专业性更强。从研究的重点上看，网络营销重点研究自己卖别人买；电子商务研究重点既包括企业的销售，又包括企业的采购，不但要借助网络努力实现企业的销售环节，同时还注重利用网络和相应的软件，建立企业的采购系统，而且要建立供应商数据库，根据历史资料对供应商的资信情况进行分析，不断地筛选供应商，保证企业能够利用其采购系统顺利地完成采购任务。由此可见，网络营销是电子商务的基础，电子商务是网络营销的前提，开展电子商务离不开网络营销，但网络营销并不等同于电子商务。

扫一扫，查看“海尔如何做的网络营销”。

二、网络营销的特点

网络营销是以现代电子技术和通信技术的应用和发展为基础，与市场的变革、竞争以及营销观念的转变密切相关的一门新学科。网络营销相对于传统的市场营销，在许多方面都具有明显的优势，带来了一场营销观念的革命。

（一）跨时空

网络营销是依托网络技术发展起来的，互联网具有的超越时间约束和空间限制的特点也必然成为网络营销的特点。从时间概念上看，企业通过互联网可以向消费者提供一年365天，每周7天，每天24小时的不间断服务。从空间概念上看，互联网没有地域限制，可降低产品成本，实现零库存经营。

任何一种营销理念和营销方式，都是在一定的范围内去寻找目标客户，网络营销是在一种无国界的、开放的、全球的范围内去寻找目标客户。市场的广域性、文化的差异性、交易的安全性、价格的变动性、需求的民族性、信息价值跨区域的不同增值性以及网上消费者的可选择性，不仅给网络经济理论和网络营销理论研究提供了广阔的发展空间和无尽的研究课题，而且这种市场的全球性带来的是更大范围成交的可能性，更广域的价格和质量的可比性。

（二）多媒体

传统媒体中，广播提供的是音频信息，报纸、杂志等平面媒体提供的是文字信息，电视提供的是视频信息，只有互联网这一媒体形式可以将文字、音频、视频有机结合起来，以多媒体的形式进行信息交换，充分发挥营销人员的创造性和能动性。

（三）交互式

互联网的交互是指信息“推”和“拉”的过程。“推”是指企业将需要传递的商品信息通过互联网络推广出去，推到消费者面前。“拉”是指消费者在互联网上搜寻所需要的信息。这一“推”一“拉”，实现了交互式的信息交流，将互联网环境下的营销活动表现得淋漓尽致。

（四）个性化

通过互联网，消费者和企业之间进行交互式的信息传递，消费者在搜寻自己所需要的信息的同时，也可以将自己的意见和建议反馈给企业，企业借此分析目标消费者的市场需求，开展切实可行的营销活动，以满足消费者的个性化需要。

因此，互联网上的促销是一对一的、理性的、消费者主导的、非强迫性的、循序渐进式的，而且是一种低成本与人性化的促销，可避免推销员强势推销的干扰，并通过信息的提供与交互式交谈，与消费者建立长期、良好的关系。

（五）成长性

互联网的使用者数量快速增长、分布遍及全球，他们大多年轻，有稳定的经济收入，有较高的文化水平，由于这部分群体购买力强且具有很强的市场影响力，因此互联网是一种极具开发潜力的市场渠道。

实例 1-2　截至 2018 年 6 月我国网民规模达 8.02 亿

截至 2018 年 6 月，我国 IPv6（互联网协议第六版）地址数量为 23555 块/32，半年增长 0.53%。自 2017 年 11 月《推进互联网协议第六版（IPv6）规模部署行动计划》发布以来，我国运营商已基本具备在网络层面支持 IPv6 的能力，正在推进从网络能力到应用普及的转变。

中国国际出口带宽为 8826302Mbps，半年增长率为 20.6%，网民上网速度更快，跨境漫游通话质量更佳，网络质量更优。同时，移动互联网接入流量和 App（应用软件）数量均在 2018 年上半年实现显著增长。

中国网民规模超 8 亿人，互联网普惠化成果显著（见图 1－5）。

图 1－5　中国网民规模和互联网普及率

资料来源：CNNIC（中国互联网络信息中心）2018 年 6 月发展状况统计调查。

截至 2018 年 6 月，我国网民规模达 8.02 亿人，互联网普及率为 57.7%；2018 年上半年新增网民 2968 万人，较 2017 年年末增长 3.8%；我国手机网民规模达 7.88 亿人，网民通过手机接入互联网的比例高达 98.3%（见图 1－6）。

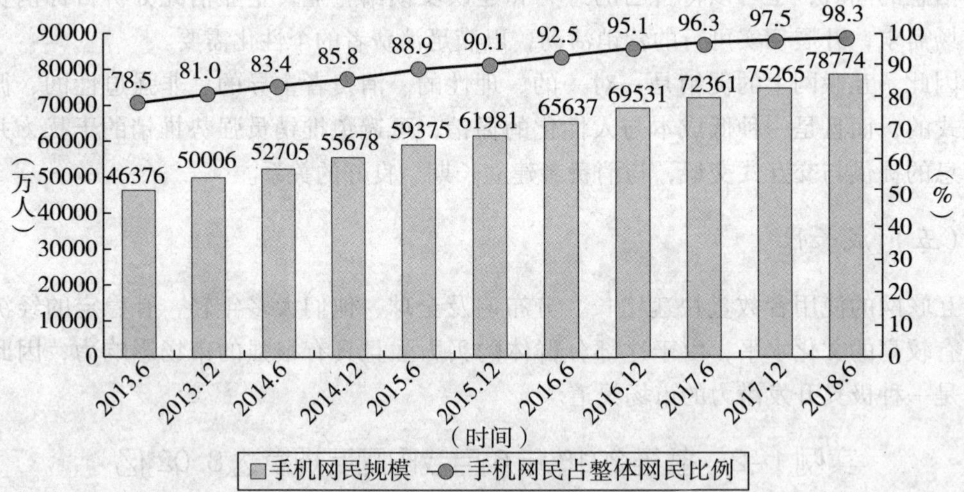

图 1－6　中国手机网民规模及其占网民比例

资料来源：CNNIC 2018 年 6 月发展状况统计调查。

（六）整合性

网络营销由商品信息至收款、售后服务等环节，是一种全程的营销渠道。在开展营销活动的过程中，应对多种营销手段和营销方法进行整合，对有形资产和无形资产的交叉运作和交叉延伸进行整合。这种整合的复杂性、多样性、包容性、变动性和增值性具有丰富的理论内涵。企业可以借助互联网将不同的传播营销活动进行统一设计规划和协调实施，以统一的传播方式向消费者传达信息，避免不同传播方式的不一致性产生的消极影响。

（七）超前性

互联网是一种功能强大的营销工具，它同时兼具渠道、促销、电子交易、互动顾客服务以及市场信息分析与提供等多种功能。它所具备的“一对一”营销能力，正是符合“定制营销”与“直复营销”的未来趋势。

（八）高效性

在互联网环境下购物，消费者很少受外界的干扰，可以货比多家进行理性的选择，大大提高了购物的效率。另外，计算机可储存大量的信息供消费者查询，可传送的信息数量与精确度，远超过其他媒体，并能应市场需求，及时更新产品或调整价格，因此能及时有效了解并满足消费者的需求。

（九）经济性

通过互联网这一虚拟的环境进行产品销售，大大减少了租金、水电、人工等产品的销售费用，降低了产品的成本，消费者可以以较低的价格购买到所需的商品。同时，资源的广域性，地域价格的差异性，交易双方的最短连接性，市场开拓费用的锐减性，无形资产在网络中的延伸增值性，以及所有这一切对网络营销经济性的关系和影响，都将极大降低交易成本，给企业带来经济利益。

（十）技术性

网络营销是建立在互联网基础之上的，企业实施网络营销必须具备一定的技术基础。这就要求企业改变传统的组织形态，提升信息管理部门的功能，引进懂营销与计算机技术的复合型人才，加大技术投入和技术支持，增强企业的市场竞争力。

三、网络营销的内容

网络营销作为在互联网上开展的营销活动，它的基本营销目的与传统营销是一致的，即为企业产生直接经济效益，区别主要表现在营销工具上。网络营销是实现企业营销目标的新型营销方式和营销手段，它的内容非常丰富，主要包括如下几项。

（一）网上市场调查

市场调查是开展营销活动的首要步骤。网上的市场调查主要是利用互联网的交互式信息沟通渠道来实施调查活动，它包括直接的网上问卷调查和通过网络收集二手资料。利用互联网进行市场调查时，重点是如何利用有效工具和手段实施调查、收集整理资料。获取信息不再是难事，关键是如何在信息海洋中获取想要的资料并分析出有用的信息。这一内容我们将在本书的“任务三”中详细介绍。

（二）网络消费者行为分析

网络消费者是一个特殊的群体，在开展营销活动之前必须深入了解网上用户群体的需求特征、购买动机和模式，并对此进行分析、研究，寻找出网络消费者的独特之处，有针对性地进行营销决策。这一内容我们将在本书的“任务四”中详细讲解，如图 1－7 所示。

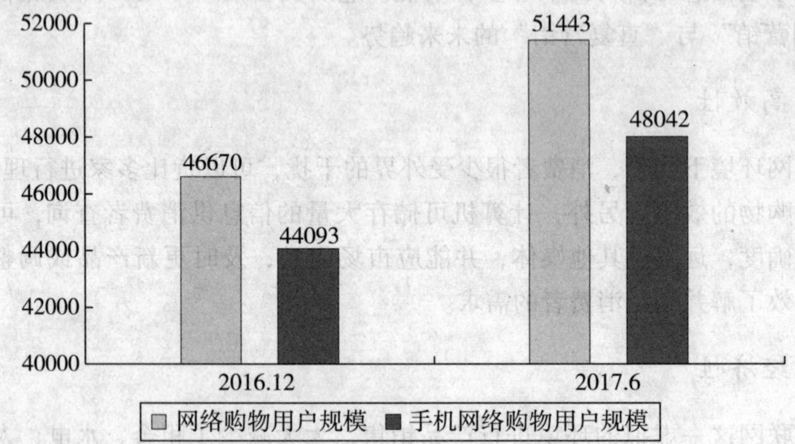

图 1－7　中国网络消费者购物趋势

资料来源：CNNIC 2017 年 6 月发展状况统计调查。

（三）网络营销策略制订

网络营销的理论是在传统营销的基础上发展起来的，应结合网络特点，制订切实可行的营销策略。本书从传统 4P 营销理论出发，分析不同企业在市场中的地位，对产品、价格、分销、促销进行整合。这一内容我们将在本书的“任务三”中详细讲述。

（四）网络广告

作为网络营销常用的促销工具之一，网络广告具有传统广告不可比拟的优势。网络广告主要是运用专业的广告横幅、文本链接、多媒体的方法，在互联网上发布广告，通过网络传递到用户的一种高科技广告运作方式。与传统的四大传播媒体（报纸、杂志、电视、广播）广告及近来备受垂青的户外广告相比，网络广告具有得天独厚的优势，是实施现代营销媒体战略的重要部分。本书将在“任务八”中针对网络广告的类型、特点、发布、效果等内容作详细介绍。

（五）E-mail 营销

最新研究表明，E-mail 是继电视之后最成功的传播技术，已逐渐成为最受网民青睐的一种交流方式。E-mail 营销作为一种新兴的营销方式，随着网络技术和 E-mail 的普及迅速发展，已经是企业常用的网络营销手段之一，其主要通过把文本、HTML（超文本置标语言）或多媒体信息发送到用户的电子邮箱，达到营销目的。与电话推销、邮寄推销信等传统的营销方法相比，E-mail 营销已逐渐开始体现出其优势。由于其具有方便、快捷、成本低等特点，这种营销方式就如雨后春笋般在全世界传播开来。这一内容我们将在本书的“任务七”中详细讲述。

（六）网络营销战略

网络营销的竞争优势在于能够以最快、最准确的方式获取消费者信息，并能将产品说明、促销、消费者意见调查、广告、公共关系、消费者服务等各种营销活动整合在一起，进行一对一的沟通，不受时间和地域的限制，达到营销组合所追求的综合效益。企业必须制订相应的网络营销战略，提供比竞争者更有价值、更有效率的产品和服务，扩大市场营销规模，实现企业的战略目标。本书的“任务九”将专门针对网络营销战略进行详细讲述。

扫一扫，查看“雕爷牛腩网络营销案例”。

四、网络营销的发展

网络营销作为一种全新的营销方式，与传统营销方式相比具有跨时空、多媒体、交互式、个性化、成长性、整合性、超前性、高效性、经济性、技术性等特点。在网上，任何企业都不受自身规模的绝对限制，都能平等地获取世界各地的信息、平等地展示自己，为中小企业创造了一个良好的发展空间。

在世界经济趋于一体化的今天，网络营销的发展水平将直接影响国家经济的发展。我国网络营销开展得比较晚，从 1996 年到现在，我国的网络营销刚刚开展就已被企业大量采用，各种形式的网络广告、网络调研、网络分销等网络营销活动正活跃在企业的市场活动中。

实例 1-3　2018 网络营销四大趋势

1. 短视频营销依然会大火

从 2016 年 papi 酱的走红，短视频、直播等平台就开始进入我们的日常生活中。而随着快手、抖音的火爆，短视频又一次迎来了大爆发，更有“南抖音、北快手”的段子出现。有人预计，2020 年短视频市场规模将超 300 亿元，短视频营销又一次成为营销关注的方向。

有趣、有内容的短视频更加受消费者的欢迎，配合这种方式将产品巧妙地植入其中，既不尴尬也不生硬，还能为产品带来一定的曝光度甚至转化率。

2. 用户对内容的要求更高

无论是短视频、自媒体、公众号还是传统的网络广告，随着用户更加年轻化，对营销内容的质量要求也会更高，而单一、枯燥、广告性较强的内容必将被逐渐淘汰。

我们可以看一些大 V、网红们的微博和公众号，他们的内容都具有自己的特色，无论是"干货"还是视频、漫画、文章，都非常吸引人，即使打广告也是用心去打，将广告植入在有趣的内容当中，让用户不反感，更容易接受。

3. 小程序营销正当时

2018 年是小程序大爆发之年，目前，微信用户已经突破 10 亿人，小程序已达 580000 个，日活跃账户超过 1.7 亿个，小程序的前景是非常明朗的，同时也是创业者们积极布局的新战场。

现在已经诞生了第一批小程序插件，打通了微信社交关系链和虚拟支付能力（安卓版），随着技术与市场的逐步完善，小程序成为新的营销点还会远吗？创业者们不妨提前布局，抢占先机。

4. 全网营销是必经之路

当前网络营销竞争激烈，单一的网络营销方式已经不能满足企业的需要，全网营销、整合营销逐渐成为创业者们必争的营销方式。

与欧美日等发达国家相比，我国网络营销发展的总体水平仍停留在起步阶段。无论在信息基础设施建设、应用水平还是在网络营销认识度、参与程度等方面，都远远落后于发达国家。主要表现出以下问题。

（一）东西部发展不平衡问题

由于我国的特殊国情，东西部经济发展不平衡，西部互联网普及率虽有所增长，但与东部相比仍有一定差距，因此网络营销在东西部发展失衡。我国应继续加大对西部网络基础设施建设力度，国家在制定相关政策时也应对中西部企业适当倾斜。

（二）网络安全性问题

由于网络基础设施差，网络支付的安全机制较欠缺，一部分消费者对网络的安全性还持怀疑态度，更愿意延续传统的购买习惯。所以我国企业首先应该加强网络基础设施的建设、完善物流配送系统、建立网络安全支付保护机制、加大对网络营销的宣传力度等。国家也应加强立法监督，保护企业和消费者双方的利益。

（三）网络品牌的建设问题

消费者通过网络获得商品信息的途径是网站，创意独特、内容丰富的网站更能吸引消费者的眼球。网站除了进行产品的宣传外，也可以进行企业的品牌宣传。品牌是企业一系列相关内容的结合体，品牌的传播是需要广告的，但是品牌绝对不能仅通过一系列的广告狂轰滥炸出来，因此，在进行网络品牌建设时对网络广告的选择要慎之又慎。

（四）网络营销人才缺乏问题

网络营销的全面稳步发展需要大量既懂网络相关技术又懂营销事务的专业人才。长期以来我国在这方面人才匮乏，本土人才培养机制不完善。我国要大力发展网络营销必须建立起完善的人才培养系统和人才保护机制，只有这样才能保证企业网络营销稳定、高效发展。

（五）网络营销策略水平不高问题

目前我国对网络营销这种特殊营销方式的营销策略缺乏系统研究，还处于实践摸索阶段，没有形成一套适合我国国情的网络营销策略。不少企业还只能沿用过去传统实体市场的营销策略，网络营销效益不高。

随着互联网技术的不断完善和发展，网络已经迅速渗透到政治、经济、文化的各个领域，进入人们的日常生活，并带来社会经济、人们生活方式的重大变革，人类已开始步入网络化社会。越来越多的企业认识到国际互联网对企业经营发展的作用，纷纷挤占这一科技制高点，并将之视为未来发挥竞争优势的主要途径。网络蕴藏的市场无限，孕育的商机无限，网络营销必将成为21世纪企业营销的主流。

实例 1-4 企业网站网络营销的发展瓶颈

随着互联网的极速发展，传统行业大到汽车、奢侈品等，小到各种饰品、食物等，不管是为了突破新的业务模式，还是为了在网络营销方面分一杯羹，都已经涉足网络营销。网络营销真的有那么好做吗？没有一个好的营销策略，能做好吗？即使是在互联网上，竞争也不比线下轻松多少，上海 SEO（搜索引擎优化）认为企业网站的营销要从以下几个方面入手。

其一，就是可以给企业带来品牌的宣传。一个公司，一个企业，它的品牌占整体价值的30%，这也就是可口可乐公司创始人说的，就算我们公司被大火都烧光了，我依然可以让它起来，品牌的价值是无穷的，所以，品牌的宣传也是网络营销的重点之一，假如线上和线下一起推广，效果就会更好。

其二，就是企业的口碑方面。很多公司不注重网络营销，对此嗤之以鼻，以为传统行业没必要做网络营销。互联网是一个开放的平台，很多人都喜欢在上面发表一些现实中不能发表的言论，例如一些人会把对某个公司、某个客户的不满发布在互联网上，甚至引起传播，这会破坏公司的形象，像《30 多幅油画丢失价值十几万 德邦物流只赔 1800 元》这篇新闻被转发了五十多次，严重损害了德邦物流公司的形象，适当处理公司的负面新闻仍是很有必要的。

其三，就是业务和咨询方面。通过互联网咨询的，一般都是比较有切实合作意向的，如果我们打开自己网站的流量统计工具会发现，通过搜索引擎过来的人群，后来大多都会电话咨询，这和我们出去发广告传单是不同的，出去发传单人们大多会直接扔掉，而主动搜索则说明人们有相应的需要，所以企业网站的营销可以从以下两个方面入手。

1. 品牌的建设

品牌方面主要在百度贴吧本地的湖口、本地的分类信息网站上面做好推广，若有需要的话也可以向当地的网站进行适当的广告投入，毕竟这些都能带来流量，当地的湖口网站更贴近湖口，特别是在了解本地人使用习惯方面，其他网站是无法相比的，所以本地网站的合作与推广还是很有必要的。

2. 业务方向

业务方向就是能直接带来业务量的营销策略。这方面主要是搜索引擎优化和百度竞价，对于中小企业来说，百度竞价的投入可能还太高，特别像物流这种竞争比较激烈的行业，所以要想在这些方面有所发展仍要出其不意，竞价也是一门学问，做得好才能赚钱，否则会亏损。

在业务方向，要结合公司和行业的实际情况，分主要枢纽词和长尾枢纽词来做，不管是主要枢纽词还是长尾枢纽词，带来业务的可能性都比较大。所以说中小企业的网络营销方面仍要多注重 SEO，固然现在百度算法还较为实用，但是仍应该用新的方法去做好 SEO 工作。

任务总结

本章紧紧围绕“什么是网络营销”这一任务，深入分析了网络营销与传统营销的联系、区别，介绍了网络营销的概念、特点、内容、发展等相关知识，以便学生更好地理解网络营销。

网络营销是指以互联网为媒体，以新的方式、方法和理念实施营销活动，更有效地促成个人和组织交易活动实现的新型营销模式。它是企业整体营销战略的重要组成部分。它和传统营销的基本原理是相同的，仅仅表现在一些方法上的差异。它们之间也并没有严格的界限，网络营销理论不可能脱离传统营销理论基础，营销理论本身也无所谓新旧之分，理论用以指导实践，只要是有效的，就是正确的。

在世界经济趋于一体化的今天，网络营销的发展水平将直接影响国家经济的发展。在美国，有超过 40% 的企业在利用互联网开展营销业务，美国《财富》杂志统计的全球前 500 强公司几乎全都在网上开展营销业务。

虽然我国网络营销开展得比较晚，但是已经被企业大量采用，各种形式的网络广告、网络调研、网络分销等网络营销活动正活跃在企业的市场活动中。与欧美日等发达国家相比，我国网络营销发展的总体水平仍停留在起步阶段，无论在信息基础建设、应用水平还是在网络营销认识度、参与程度等方面，都落后于发达国家。

EQ驿站

扫一扫，查看“EQ 测试”。

什么是EQ

情商，汉语意思为“情绪智慧”或“情绪智商”，又称为“情绪智力”，英文名为 Emotional Quotient（EQ），是近年来心理学家们提出的与智力和智商相对应的概念。它主要是指人在情绪、情感、意志、耐受挫折等方面的品质。总的来讲，人与人之间的情商并无明显的先天差别，更多需要后天培养。

情商是一种能力，情商是一种创造，情商又是一种技巧。既然是技巧就有规律可循，就能掌握，就能熟能生巧。只要我们多点勇气，多点机智，多点磨炼，多点感情投资，我们也会像“情商高手”一样，营造一个有利于自己生存的宽松环境，建立一个属于自己的交际圈，创造一个更好发挥自己才能的空间。

在具备一定的工作技能以后，人与人之间的竞争往往就是情商上的比拼：谁的情商高，谁就能更容易受到领导及同事的支持；谁的情商高，谁就拥有更多的人脉资源与潜在机会。对于营销者来说，情商更为重要，高情商的营销者应具备以下素质：

1. 熟悉自己的商品并对它有信心；
2. 对自己有信心；
3. 广结人缘，并与老客户保持良好关系；建立时间概念，随时推销；培养幽默感；履约；
4. 不要瞧不起小买卖等。

检测练习

扫一扫，查看任务一课后习题。

任务二　网络营销环境与技术应用

任务提出

某空调企业为推出一款全新制冷产品，就产品的包装、质量、性能等方面做了全面且细致的设计，该企业想在年末以此产品打开网络市场，然而销售业绩并不乐观，如果你是该企业的营销部经理，你会对此营销策略做哪几个方面的考虑和调整？

任务分析

网络营销作为一种新兴的营销方式，其营销的环境和技术与传统营销有很多不同，因此对网络营销环境的分析以及网络营销技术的应用，既是启动网络营销活动的前提，又是实施网络营销活动的关键。本次任务主要涉及如下内容。

1. 网络营销应具备什么样的营销环境

企业是一个开放的经济系统，它的经营管理必然受客观环境的控制和影响。根据营销环境对企业网络营销活动影响的直接程度，网络营销环境可以分为网络环境、宏观环境、微观环境。企业只有把握住对环境的现状及未来变化趋势的了解，才能避开环境变化所带来的不良影响，才有利于企业发展。

2. 网络营销需要怎样的技术支持条件

网络营销相对于传统市场营销而言是一个全新的营销方式。网络营销是一个系统性工程，它需要企业调动人力、物力和财力进行系统的组织和开发，必然需要多方面的技术支持。应使用怎样的网络营销平台？如何采用 Internet（互联网）技术？建立怎样的物流配送中心？选择怎样的金融中介机构？全面地认识和了解这些知识是本章学习的目的。

3. 如何获取上述信息

在明确了需要做哪些准备工作、了解哪些信息之后，紧接着就要思考如何获取这些信息。出于便捷和高效考虑，我们将通过互联网来收集所需要的信息。

任务分解

为了完成以上内容，可以把本任务分解成如下两个课题。

课题一：对网络营销环境的理解

课题二：对网络营销应用技术的理解

下面本书会对这些课题的目标进行确认，并对其实施给予理论和实践上的指导。

课题一　对网络营销环境的理解

本课题的目标是通过对影响企业网络营销活动的各种环境因素进行充分的分析和研究，了解环境因素对企业营销活动与效果的影响，从而更好地把握营销的本质，为制订有效的营销策略提供依据。本课题主要包括以下几个方面：

- 网络营销网络环境
- 网络营销宏观环境
- 网络营销微观环境

网络营销环境是指对企业的生存和发展产生影响的各种外部条件，即与企业网络营销活动有关联因素的部分集合。营销环境是一个综合的概念，由多方面的因素组成。环境的变化是绝对的、永恒的。随着社会的发展，特别是网络技术在营销中的运用，使得环境更加变化多样。虽然对营销主体而言，环境及环境因素是不可控制的，但它也有一定的规律性，我们可通过对营销环境的分析对其发展趋势和变化进行预测和事先判断。企业的营销观念、消费者需求和购买行为，都是在一定的经济社会环境中形成并发生变化的。因此，对网络营销环境进行分析是十分必要的。要进行网络营销环境的分析，首先必须掌握构成网络营销环境的五要素。

一、网络营销网络环境

互联网络自身构成了一个市场营销的整体环境，从环境构成上来讲，它具有以下五个方面的要素。

（一）提供资源

信息是市场营销过程的关键资源，是互联网的血液，通过互联网可以为企业提供各种信息，指导企业的网络营销活动。

（二）全面影响力

环境要与体系内的所有参与者发生作用，而非个体之间的互相作用。每一个上网者都是互联网的一分子，他可以在上网过程中无限制地接触互联网，同时他也会受到互联网的影响。

（三）动态变化

互联网络自身构成的市场营销的整体环境在不断变化中发挥其作用和影响。不断更新和变化正是互联网的优势所在。

（四）多因素互相作用

整体环境是由互相联系的多种因素有机组合而成的，涉及企业活动的各因素，在互联网上通过网址来实现。

（五）反应机制

环境可以对其主体产生影响，同时，主体的行为也会改造环境。企业可以将自己企业的信息通过公司网站存储在互联网上，也可以通过互联网上的信息，自己决策。

因此，互联网已经不只是传统意义上的电子商务工具，而是独立成为新的市场营销环境，而且它以其范围广、可视性强、公平性好、交互性强、能动性强、灵敏度高、易运作等优势给企业市场营销带来了新的发展机遇与挑战。

二、网络营销宏观环境

宏观环境是指一个国家或地区的政治、法律、人口、经济、社会文化、科学技术等影响企业进行网络营销活动的宏观条件。宏观环境对企业短期的利益可能影响不大，但对企业长期的发展具有很大影响。所以，企业一定要重视宏观环境的分析研究。宏观环境主要包括以下六个方面的因素。

（一）政治、法律环境

包括国家政治体制、政治的稳定性、国际关系、法制体系等。在国家和国际政治法律体系中，相当一部分内容直接或间接地影响着经济和市场。所以，我们要认真地分析和研究。

（二）经济环境

经济环境是内部分类最多、具体因素最多，并对市场具有广泛和直接影响的环境内容。经济环境不仅包括经济体制、经济增长、经济周期与发展阶段以及经济政策体系等大的方面的内容，还包括收入水平、市场价格、利率、汇率、税收等经济参数和政府调节取向等内容。

（三）人文与社会环境

企业存在于一定的社会环境中，同时企业又是由社会成员组成的一个小的社会团体，不可避免地受到社会环境的影响和制约。人文与社会环境的内容很丰富，在不同的国家、地区、民族之间差别非常明显。在营销竞争手段向使用价值型转变的今天，营销企业必须重视人文与社会环境的研究。

（四）科技与教育水平

科学技术对经济社会发展的作用日益显著，科技的基础是教育，因此，科技与教育是客观环境的重要组成部分。在当今世界，企业环境的变化与科学技术的发展有非常大的关系，特别是在网络营销时期，两者之间的联系更为密切。在高新技术产业中，教育水平的差异是影响需求和用户规模的重要因素，已被提到企业营销分析的议事日程上来。

（五）自然环境

自然环境是指一个国家或地区的客观环境因素，主要包括自然资源、气候、地形地质、地理位置等。虽然随着科技进步和社会生产力的提高，自然环境对经济和市场的影响整体上趋于下降的趋势，但自然环境制约经济和市场的内容、形式则在不断变化。

（六）人口

人是企业营销活动的直接和最终对象，市场是由消费者构成的。所以在其他条件固定或相同的情况下，人口规模决定着市场容量和潜力；人口结构影响着消费结构和产品构成；人口组成的家庭、家庭类型及其变化，对消费品市场有明显的影响。

三、网络营销微观环境

微观环境由企业及其周围的活动者组成，直接影响着企业为顾客服务的能力。它主要包括企业内部环境、供应者、营销中介、顾客或用户、竞争者因素。

（一）企业内部环境

企业内部环境包括企业内部各部门的关系及协调合作，主要包括市场营销部门之外的某些部门，如企业最高管理层、财务、研究与开发、采购、生产、销售等部门。这些部门与市场营销部门密切配合、协调，构成了企业市场营销的完整过程。市场营销部门根据企业的最高决策层规定的企业任务、目标、战略和政策，作出各项营销决策，并在得到上级领导的批准后执行。研究与开发、采购、生产、销售、财物等部门相互联系，为生产提供充足的原材料和能源供应，并对企业建立考核和激励机制，协调营销部门与其他各部门的关系，以保证企业营销活动的顺利开展。

（二）供应者

供应者是指向企业及其竞争者提供生产经营所需原料、部件、能源、资金等生产资源的公司或个人。企业与供应者之间既有合作又有竞争，这种关系既受宏观环境影响，又制约着企业的营销活动，企业一定要注意与供应者协调好关系。供应者对企业的营销业务有实质性的影响。

（三）营销中介

营销中介是协调企业促销和分销其产品给最终购买者的公司。主要包括商人中间商，即销售商品的企业，如批发商和零售商；代理中间商（经纪人）；服务商，如运输公司、仓库、金融机构等；市场营销机构，如产品代理商、市场营销咨询企业等。

网络技术的运用，给传统的经济体系带来了巨大冲击，流通领域的经济行为产生了分化和重构。消费者可以通过网上购物和在线销售自由地选购自己需要的商品，生产者、批发商、零售商和网上销售商都可以建立自己的网站并销售商品，所以一部分商品不再按原来的产业和行业进行分工，也不再遵循传统的商品购进、储存、运销业务的流程运转。网上销售，一方面使企业间、行业间的分工模糊化，形成“产销合一”“批零合一”的销售模式；另一方面，随着“凭订单采购”“零库存运营”“直接委托送货”等新业务方式的出现，服务与网络销售的各种中介机构也应运而生。一般情况下，除了拥有完整分销体系的少数大公司外，营销企业与营销中介组织还是有密切合作与联系的，因为若中介服务能力强，业务分布广泛合理，营销企业对微观环境的适用性和利用能力就强。

（四）顾客或用户

顾客或用户是企业产品销售的市场，是企业直接或最终的营销对象。网络技术的发展极大地消除了企业与顾客之间地理位置的限制，创造了一个让双方更容易接近和交流的机制。互联网真正实现了经济全球化、市场一体化。它不仅给企业提供了广阔的市场营销空间，同时也增加了消费者选择商品的广泛性和可比性。顾客可以通过网络，得到更多的需求信息，使购买行为更加理性化。虽然在营销活动中，企业不能控制顾客与用户的购买行为，但它可以通过有效的营销活动，给顾客留下良好的印象，处理好与顾客和用户的关系，促进产品的销售。

（五）竞争者

竞争是商品经济活动的必然规律。在开展网上营销的过程中，不可避免地会遇到业务与自己相同或相近的竞争对手；研究对手，取长补短，是克敌制胜的好方法。

1. 竞争对手的类型

①愿望竞争者：指满足消费者目前各种愿望的竞争者。

②一般竞争者：指以不同的方法满足消费者同一需要的竞争者。

③产品形式竞争者：指满足消费者某种愿望的同类商品在质量、价格上的竞争者。

④品牌竞争者：指能满足消费者某种需要的同种产品的不同品牌的竞争者。

2. 应如何研究竞争对手

在虚拟空间中研究竞争对手，可以借鉴传统市场中的一些做法，但更应该有自己的独特之处。

首先要利用导航网查询竞争对手，表现良好的导航网有 Yahoo（雅虎）、Infoseek（智能网）、HotBot（热播）、Lycos（民赞网）。

研究网上的竞争对手可以从其主页入手，一般来说，竞争对手会将自己的服务、业务和方法等方面的信息展示在主页上。从竞争的角度考虑，应重点考察以下八个方面：

①站在顾客的角度浏览竞争对手网站的所有信息，研究其能否抓住顾客的心理，给浏览者留下好感。

②研究其网站的设计方式，体会它如何运用屏幕的有限空间展示企业的形象和业务信息。

③注意网站设计细节方面的内容。

④了解其开展业务的地理区域，以便能从客户清单中判断其实力和业绩的好坏。

⑤记录其传输速度特别是图形下载的时间，因为速度是网站能否留住客户的重要因素。

⑥察看在其站点上是否有别人的图形广告，以此来判断该企业在行业中与其他企业的合作关系。

⑦对竞争对手的整体实力进行考察，全面考察对手在导航网站、新闻组中宣传网站的力度，研究其选择的类别、使用的介绍文字，特别是图标广告的投放量等。

⑧考察竞争对手是开展网上营销需要做的工作，而定期监测对手的动态变化则是一个长期性的任务，要时时把握竞争对手的新动向，在竞争中保持主动地位。

总之，每个企业都需要掌握、了解目标市场上自己的竞争者及其策略，力求扬长避短，抓住有利时机，开辟新的市场。

实例 2－1　聊聊小米和他的竞争对手们

扫一扫，查看“雷军演讲会分享小米手机的口碑营销如何做”？

2015 年下半年到 2016 年年初的几个月，互联网上普遍在翻炒的一个词叫作“小米模式”。由于上面提到的新闻以及小米准备以估值 400 亿美元进行新一轮融资的讯息，使小米在沉寂了一段时间后又走到了大众视野中。小米刚刚在中国超过三星，在全球范围内成为第三大手机厂商，小米官网也在电商网站提高了排名。这是很多公司梦寐以求的事情。

其实看得最清楚的应该是罗永浩，在T1发布会上老罗就说过，其实真正革命的是软件，并不是什么硬件。这也是“中华酷联”永远都只能当“配角”的原因。小米跻身中国最大手机厂商只是时间问题，因为小米在做的是一个生态，生态靠的是什么？当然是成本最低、竞争力最强的软件，想想微软吧，只靠Windows（视窗操作系统）和Office（办公软件）就可以打遍天下无敌手。

硬件永远都只是载体，苹果公司现在也是如此，iPhone永远只是苹果各种软件的销售渠道，只不过它的定位已经超越了这些，很多人有点看不懂，苹果不是把系统和办公软件都免费了吗？是，正因如此，用户便被这些软件牢牢锁定在了苹果的圈圈里，买了iPhone紧接着就会买iPad乃至Mac，还有以后的iWatch。这些产品仍然靠软件系统来实现无缝连接。所以锁住你的并不是iPhone，而是苹果的软件生态。

所以小米在未来五年将成为苹果强有力的竞争对手，三星走的那一套硬件模式已经落伍，诺基亚血淋淋的教训血渍还未风干。只要在运营上不出什么问题，锤子手机倒是有可能成为小米强有力的追赶者。“中华酷联”包括魅族貌似还没看清这一点，还在一味地拼硬件。

表面上小米走低价高配路线，让人误以为其在拼硬件。其实小米的硬件利润率有限，只要不亏本就行，而真正拴住用户的是其提供的软件生态系统。当然目前是以miui（米柚）为核心的操作系统，不要以为这只是个Android（安卓）马甲，相信有一天，如果小米看到Android日薄西山或者自己羽翼丰满，就会毫不犹豫地推出自己的操作系统供大家使用，只不过在表面上你看到的仍然是miui的界面罢了，那时候小米将成为另一个苹果。小米官网已经有九个国家和地区分站了，未来的五年将是小米“开疆扩土”的重要五年。

课题二　对网络营销应用技术的理解

网络营销应用技术与互联网应用技术并无实质差异，而获取互联网应用技术的渠道也并不限于网络营销的学习，对于一般电子商务专业的学生来说，或多或少都已经了解了一些电子商务技术基础知识，比如网站建设、网页设计、数据库语言等，这些知识对于学习网络营销都有一定的帮助。在有关网络营销的学习和实践中，没有一定的技术基础会受到较大的限制，虽然网络营销不是一门纯粹的技术性学科，但网络营销毕竟是建立在互联网应用技术基础之上的，所以，网络营销学习研究要达到一定的深度，必然要求有相应的技术知识背景。

本课题的目标是对网络营销的支持条件有一个全面的了解和认识，其中涉及很多网络营销和计算机网络的基础知识。本课题主要解决的问题：

- 网络营销平台
- 互联网技术

- Web（万维网）技术
- 物流配送中心
- 金融中介机构

一、网络营销平台

企业打算开展网络营销，构建自己的网络营销平台就是必经的第一步。网络营销平台是企业通过互联网面向客户或消费者的通道。网络营销平台一般是建立在网络基础之上的，配之以相应的支持网络销售的应用软件和保证网络安全和电子支付需要的软件。网络营销平台主要的职能就是信息传递和营销互动。网络营销平台建设的关键问题是网络站点的建设。

（一）ISP 的选择

ISP（Internet Service Provider）即互联网服务提供商，能提供拨号上网、网上浏览、下载文件、收发电子邮件等服务。我国最大的 ISP 是中国电信、中国网通，中国联通、CERNET（中国教育和科研计算机网）等也提供了网络接入服务。

随着互联网在我国的迅速发展，越来越多的单位和个人开始想得到互联网所提供的各项服务，于是提供互联网接入服务的 ISP 也越来越多。面对这些服务项目各不相同、收费也千差万别的 ISP，我们应慎重选择。

实例 2-2　大趋势：ISP 行业选择模块化数据中心

随着移动互联网、电子商务等迅速发展，ISP 行业对 IDC（互联网数据中心）机房建设提出了更高要求。大型互联网企业的用户数再创新高，数据量爆发式增长，腾讯、百度等对 IDC 资源需求越来越大，将 IDC 建设列入企业发展战略目标；金融、电信、能源等信息化程度较高的行业的数据中心业务外包服务，物联网、生物、动漫等新兴行业数据中心的 IDC 需求以及云计算带来的巨大市场机遇，将推动我国 IDC 市场不断扩大。

在这样的大趋势下，ISP 行业也在逐渐发生变化，提供业务和内容服务的 OTT（通过互联网向用户提供各种应用服务）与提供宽带业务的传统通信运营商正在转型提供面向多用户的数据中心业务（MTDC）。随着市场不断扩大，竞争也越发激烈，ISP 行业要求 IDC 机房具备以下条件。

数据中心建设思路和需求趋向大型化、集约化、高密度化、高可用性；

数据中心大型化，面向多租户、多业务，统一规划、弹性架构设计，多期建设、快速部署，满足业务增长；

低 PUE（电源使用效率）、高效运维、有效降低运营成本成了 MTDC 的核心竞争力，最大限度降低 TCO（总体拥有成本）是 ISP 行业重点关注的问题。

云计算技术的出现，使数据中心的建设呈现出大型化、集约化的趋势，作为数据中心领域的先驱者，ISP 行业的企业更是纷纷步入其中。然而众所周知，建设一个大型数据中心，从前期的规划设计到验收并交付运营，整个建设周期需要花费大约两年的时间，而两年的时间对于ISP行业来说太长。业务在快速地增长，IT（信息技术）设备也在不断更新换代，等到数据中心建设完毕，可能原先的设计已经完全不能承载现有的业务需求了，这样的结果是ISP运营商所不能接受的。因此在国内，运营商和百度、阿里、腾讯等互联网企业在新建数据中心时，纷纷采用模块化数据中心产品，均在建设周期、能耗及全生命周期成本方面获得收益。

那么，模块化数据中心具备什么优势呢？

快速部署，模块化设计，标准化接口。在数据中心建设过程中，将主机房区域设备的部分安装工作剥离出来放在工厂去预制完成。这样一来，可以同步其他基础设施建设，一旦设备进场，只需简单组装，就可以完成部署，快速上线。而且模块化的设计在二期、三期的建设中，省去再次设计规划的时间，所发挥的快速部署的特点更为显著，满足ISP业务快速增长的需求。

弹性扩容，以微模块为单位，每个模块都是一个独立的小型数据中心，这使得数据中心的架构是弹性的。不同模块间的功率设计可以是不同的，以精细匹配不同IT业务的需求，充分利用资源，避免制冷量和供电单元过配而导致能耗的浪费。并且供电模块及制冷模块都是统一与机柜采取相同的规格，所以，一旦IT设备更新换代，需要对模块内部进行扩容，只需简单地调整相应的供配电及制冷模块数量，就可以满足新IT设备的运载。

高效节能，采用行级空调和密闭冷/热通道技术。一方面行级空调与机柜并排安装，近端制冷，有效解决机房局部热点问题，并且更加精确地制冷，减少能耗；另一方面，让冷热空气隔离，有效提高了空调的制冷效率，从而降低PUE，大大降低运营成本。

互联网企业越来越看重数据中心建设和集成能力、融资能力等软实力，在信息安全国产化的趋势下，我们有理由相信模块化数据中心的建设模式将成为ISP行业IDC建设的主流。

资料来源：亿安天下。

扫一扫，查看“测测你对三大运营商了解多少”？

1. ISP **出口带宽接入用户数**

ISP其出口带宽接入用户数、二级代理接入上级ISP时带宽、是否具有独立国际出口是衡量一个ISP接入能力的三个重要参数。目前在我国只有少数几个ISP专线，如中国公用计算机互联网（CHINANET）、中国教育和科研计算机网（CERNET）、中国金桥信息网（CHINAGBN，已并入网通）、中国科技网（CSTNET）等，其他则是通过这些ISP的出口专线转接入网。在条件许可的情况下，应优先考虑接入具有国际出口的ISP。

2. ISP提供的服务种类、技术支持能力

ISP提供的服务种类、技术支持能力也是一个十分重要的问题，有的提供了互联网全部服务项目；有的只提供电子邮件、文件传输、远程登录三项互联网基本服务项目；有的还提供一些特殊服务类型如经济信息查询、人才信息查询、教育服务、电子购物、本地BBS（论坛）站、网络电话和传真等，大大地丰富了互联网服务项目。因此，首先要注意ISP提供信息的能力。获取信息是上网的基本功能。一般来说，访问所属ISP网站上的信息速度最快，访问与所属ISP在同一网络平台上的信息较快，跨网络平台访问最慢。因此一家ISP本身及其所在网络有用信息的多少，直接关系到用户的访问速度。其次，网络营销是一种通过网络进行的“无纸贸易”，对安全性要求很高，提供该项服务的ISP一般需要使用专用的软硬件设备，因此入网时一定要注意ISP是否有足够实力。最后，还要注意ISP是否能够提供足够的有关网络的各种实用的技术支持、咨询和培训，以便及时为用户排除上网故障，及时向用户讲解服务项目或向用户通报费用细目。同时ISP的设备是否可靠，是否提供全天候24小时服务，存放在ISP服务器上的企业私密信息是否安全等，都是必须要关心的问题。

3. ISP的收费标准

ISP提供上网的服务，同时也要收取一定的费用。目前各ISP的收费标准各不相同，一般包括入网费（初装费）、月租费和使用费等，收费差别主要在使用费计算方式上，有的以登录服务器的时间计算，有的以通信的信息量收费，有的以占用ISP的存储空间计费等。从目前的使用情况看，以通信量和存储空间占用量计费比较合理。

企业要根据自己使用的总时间和时段的情况，决定向哪个ISP申请账户和选择该ISP提供的哪项收费服务。

（二）选择接入网络的方式

接入网络有三种方式：拨号接入、专线接入和卫星接入。按接入网络的用户规模可分为：单机接入和局域网接入。接入的工作原理都是“代理”“网关”或“路由”的一种或它们的组合。

1. 拨号接入

配置一台外置Modem（调制解调器）或内置Modem卡，申请一个动态IP（网络协议）地址，用一根普通电话线即可实现上网。优点：投资小、实现容易，能够使用互联网提供的大部分功能，如电子邮件，WWW（万维网）浏览等。缺点：速度慢，上网受限制，由于资费标准的下调和ADSL（非对称数字用户环绕，是一种新的数据传输方式）的推广，该方式入网正在逐渐被ADSL取代。

2. 专线接入

目前流行的专线接入有：DDN（数字数据网），ISDN（综合业务数字网），ATM

（异步传输模式），Cable Modem（电缆调制解调器），xDSL（x 数字用户线）等。

3. **卫星接入**

目前卫星接入可以提供高达 10MB 的下行速率，号称宽带接入三剑客之一，与 ADSL，Cable Modem 三分天下，适用于无法使用 ADSL 或 Cable Modem 的用户，其优点是速度快、不受地域限制，缺点是费用高。

（三）站点的建设和域名的申请

在数字化时代的发展中，无论是大型跨国公司还是中小型专业公司，在互联网上建立自己的网站都是十分必要的。网站既是企业在网上的代表，也是企业进行网络营销的工具。建立一个网站可以立即享受到抢占网络商机、提升公司形象、加强公司形象、加强客户服务、价格低廉、时效惊人的好处，这是公司经营的制胜之道。开展网络营销就意味着企业应尽快建立自己的互联网网站，拥有自己的站名。从目前的互联网发展来看，企业申请拥有自己的网址（域名），建立自己的网站并不是一件很难的事，而且花费的代价也不大。何况互联网上许多服务商为个人或企业提供免费的虚拟主机空间，只要有一台连接互联网的计算机就可以在网上建立自己的网站。

1. **申请域名**

互联网采用了一种唯一、通用的地址格式，为互联网中的每一个网络和几乎每一台主机都分配了一个地址，这就使我们实实在在地感到它是一个整体。用户在入网之前，一定要向网络管理申请 IP 地址。由于 IP 地址是数字型的，使用起来很不方便，于是人们又发明了另一套字符型地址方案，即所谓域名地址。

2. **硬件设备的购置及网络的建设**

根据企业采用的入网方式，配备相应的硬件和网络设施。

3. **确定提供服务的种类及选用合适的服务器软件**

互联网可提供的服务很多，最常用的有上网服务、电子邮件服务、新闻组、FTP（文件传输协议）、Gopher（地鼠程序）等。在选择服务种类时应充分考虑各种服务的信息流量，考虑服务器的处理能力及通信带宽容量。

4. **选择合适的数据库后台支持**

利用后台数据库的支持，可以将页面的设计、布局、形式同内容分离，更有利于信息的维护和页面布局的更新。

5. **网络的安全性**

由于我们建立站点是为了进行网络营销，因此站点的安全性就显得更加重要。为了设计和管理一个有效而可靠的网络商业服务站点，必须事先制订一套全面的网络服务安全策略。安全策略将应用于所有网络服务系统、数据库、计算机平台、软件以及网络。它们的作用是处理、交互或者提供对服务的访问途径。

（四）架设网上站点

建设一个企业网站有多种选择方案，不同的解决方案所需求的成本相差很多，能提供的服务也不相同，目前主要有虚拟主机、主机托管和构造自有服务器三种方式。

1. 虚拟主机方式

该方式使用特殊的软硬件技术，把一台计算机主机分成一台台“虚拟”的主机，每一台虚拟主机都具有独立的域名和IP地址（或者共用IP地址），具有完整的网络服务器的功能。在同一硬件、同一操作系统平台上，运行着为多个用户打开的不同服务器程序，互不干扰；而每个用户有自己的IP地址，文件储存空间、内存、CPU（中央处理器）时间等。虚拟主机之间完全独立，在外界看来，每台虚拟主机是完全一样的。以这种方式建立网站实际上就是租用ISP的硬盘空间。通常，虚拟主机的服务商还会提供电子邮件服务、网站策划、网页设计、程序编写、网站推广等一条龙服务。

虚拟主机技术的出现，是对网络技术的重大贡献，是广大网络用户的福音，由于多台虚拟主机共享一台真实主机的资源，每个用户承担的硬件费用、网络维护费用、通信线路的费用均大幅度降低。互联网真正成了人人用得起的网络。现在，几乎所有的美国公司（包括一些家庭）均在网络上设立了自己的网站，其中绝大多数采用的是虚拟主机方式。

采用这种方式建立主机，主机的位置在ISP处，不仅节省购买机器和租用专线的费用，同时网站使用和维护的技术问题由服务提供商负责，企业就可以不用担心技术障碍，也不必聘用专门的管理人员。采用这种方式的企业，只需根据业务需要确定所需的硬盘空间大小和相关的增值服务项目即可，通常一年所需费用仅几千元，因此受到了众多中小企业的青睐。

2. 主机托管方式

该方式是企业自行购买、配置、安装网络服务器后，将其托管在某个网络服务机构，由客户自己进行维护，或者由其他的签约人进行维护，每年向网络服务商支付一定的费用。如果企业想拥有自己独立的网络服务器，同时又不想花费更多的资金租用专线，进行网络环境、机房环境投资，更不想投入人力进行24小时的网络维护，则可以采用主机托管方式。

主机托管方式的特点是投资较小，周期短，无线路拥塞之忧。这种方式适用于技术实力欠缺的企业构建网站。

3. 构造自有服务器方式

构造自有服务器是企业自行购买、配置、安装网络服务器，自行建立一条直接的互联网连接，这种方式的好处是企业自己管理整个电子商务网站，随时对服务器进行各种操作，但互联网连接和服务器维护都要企业自己负责，投资费用高。

构建电子商务网站时，选择构造自有服务器还是主机托管或使用虚拟主机服务器取决于时间限制、设备资源、特殊需求以及经费预算等因素。

二、互联网技术

（一）互联网的概念

Internet是指全球范围内的计算机系统联网。它是世界上最大的计算机网络，是一个将全球成千上万的计算机网络连接起来而形成的全球性计算机网络系统。

Internet 使得各网络之间可以交换信息或共享资源。Internet 起源于美国国防部（DOD）的高级研究计划署（ARPA）建立的实验性网络 ARPANET（阿帕网），它的初衷是用于美军方人员交流信息。1983 年后，ARPANET 分军用和民用两个领域，再加上美国国家科学基金会建立的通信网络，使普通科技人员也能利用该网络。随着 TCP/IP 协议的发展与完善，世界各国的网络均以 TCP/IP 协议连接到该网络，逐渐发展形成目前规模宏大的网络，它给我们带来的便利、快捷与大容量的信息，已使我们越来越离不开它了。

我国电子商务以国家公共通信网络为基础，以国家金关工程为代表，我国相继实施了“金桥”“金卡”等一系列金字工程，为我国电子商务的发展做了良好铺垫。

1994 年 9 月，中国公用计算机互联网建设启动；同年 10 月，中国教育和科研计算机网启动。1995 年 1 月，中国电信开始向社会提供 Internet 接入服务。1995 年 4 月，中国科学院启动百所联网工程。在此基础上，网络不断扩展，形成了中国科技网。1996 年 1 月，中国公用计算机互联网全国骨干网建成并正式开通。同年 9 月，中国金桥信息网向社会提供 Internet 接入服务。1997 年，中国公用计算机互联网、中国科技网、中国教育和科技计算机网、中国金桥信息网实现了互联互通。

（二）互联网提供的服务类型

互联网提供的主要服务包括网上浏览、电子邮件、网络新闻、电子公告板、远程登录、文件传输、信息查询等。

1. 网上浏览（万维网服务 WWW）

网上浏览服务通常是指 WWW（World Wide Web）服务，它是互联网信息服务的核心，也是目前互联网上使用最广泛的信息服务。WWW 是一种基于超文本文件的交互式多媒体信息检索工具。使用 WWW，只需单击就可在互联网上浏览世界各地计算机上的各种信息资源。WWW 服务采用客户机/服务器工作模式，由 WWW 客户端软件（浏览器）、Web 服务器和 WWW 协议组成。WWW 的信息资源以页面（也称网页、Web 页）的形式存储在 Web 服务器中，用户通过客户端的浏览器，向 Web 服务器（通常也称为 WWW 站点或 Web 站点）发出请求，服务器将用户请求的网页返回给客户端，浏览器接收到网页后对其进行解释，最终将一个融合文字、图片、声音、动画的画面呈现给用户。

2. 电子邮件

电子邮件（Electronic Mail）亦称 E-mail。它是用户或用户组之间通过计算机网络收发信息的服务。目前电子邮件已成为网络用户之间快速、简便、可靠且成本低廉的现代通信手段，也是互联网上使用最广泛、最受欢迎的服务之一。

电子邮件使网络用户能够发送或接收文字、图像和语音等多种形式的信息。目前 Internet 上 60% 以上的活动都与电子邮件有关。使用互联网提供的电子邮件服务，实际上并不一定需要直接与互联网联网，只要通过已与互联网联网并提供互联网邮件服务的机构收发电子邮件即可。

使用电子邮件服务的前提：拥有自己的电子邮箱，一般又称为电子邮件地址（E-mail Address）。电子邮箱是提供电子邮件服务的机构为用户建立的，实际上是该机构在与互联网联网的计算机上为用户分配的一个专门用于存放往来邮件的磁盘存储区域，这个区域是由电子邮件系统管理的。电子邮件具有方便性、广域性、廉价性和快捷性的特点。电子邮件除了收发 E-mail 外还可访问的信息服务有 FTP、Archie（自动搜索服务工具）、Gopher、WWW、News（新闻）、WAIS（广域信息服务系统）等。

3. 新闻组（USEnet）

新闻组（News Group）通常又称作 USEnet。它是具有共同爱好的互联网用户相互交换意见的一种无形的用户交流网络，相当于一个全球范围的电子公告牌系统。

新闻组是按不同的专题组织分类的，志趣相同的用户借助网络上一些被称为新闻服务器的计算机开展各种类型的专题讨论，只要用户的计算机运行一种名为“新闻阅读器”的软件，就可以通过互联网随时阅读新闻服务器提供的分类消息，并可以将用户的见解提供给新闻服务器，以便作为一条消息发送出去。

到目前为止已有 15000 多个新闻组，每天发表的文章已超过几百兆字节，所以很多站点由于存储空间和信息流量的限制，不得不限制接收新闻组。一个用户所能读到的新闻专题种类取决于用户访问的新闻服务器。每个新闻服务器在收集和发布网络消息时都是“各自为政”的。

4. 电子公告板

电子公告板（Bulletin Board System），亦称论坛，是互联网上的一个信息资源服务系统。提供 BBS 服务的站点称为 BBS 站。成功登录 BBS 站后，根据它所提供的菜单，用户就可以享受浏览信息、发布信息、收发电子邮件、提出问题、发表意见、传送文件、网上交谈、游戏等服务。BBS 与 WWW 是信息服务中的两个分支，BBS 的应用比 WWW 早，由于它采用基于字符的界面，因此逐渐被 WWW、新闻组等其他信息服务形式所代替。

5. 远程登录（Telnet）

远程登录是指在网络通信协议 Telnet 的支持下，用户计算机（终端或主机）暂时成为远程某一台主机的仿真终端。只要知道远程计算机上的域名或 IP 地址、账号和口令，用户就可以通过 Telnet 工具实现远程登录。登录成功后，用户可以使用远程计算机对外开放功能和资源。

6. 文件传输

文件传输服务使用 TCP/IP 协议中的文件传输协议 FTP（File Transfer Protocol）进行工作，所以也叫作 FTP 服务，它是目前普遍使用的一种文件传输方式。用户在使用 FTP 传输文件时，先要登录到对方主机上（有些主机允许匿名登录），然后就可以在两者之间传输文件了。与 FTP 服务器联机后，用户还可以远程执行 FTP 命令，浏览对方主机的文件目录，设置文件的传输方式（文本格式或二进制格式）等。FTP 软件有字符界面和图形界面两种，在 Windows 98 中可使用 DOS（磁盘操作系统）方式下 FTP 命令来传输文件，还可以使用 Internet Explorer（互联网浏览器）4.0 实现文件传输。目前又开发出了具有断点续传功能的 FTP 软件，这种软件可以在恢复连接后接着上次中断的地方继续传输文件，这对于在网络上传输大型文件非常有用。

7. 信息查询

信息查询也称为信息搜索，它是指用户利用某些搜索工具在互联网上查找自己所需要的资料。在 WWW 出现以前，常见的信息查询工具有 Archie、WAIS、Gopher 和 WWW 等。随着 WWW 的发展，Archie、WAIS 和 Gopher 的功能在 WWW 中都已实现，而且性能更好。

除了上述的服务外，互联网上还有一些新兴的服务正以其丰富多彩的界面吸引着越来越多的用户。例如，网上聊天、网上寻呼、网络会议、网上购物、网上教学和娱乐等。

（三）IP 地址和域名

IP 地址和域名是互联网使用的网络地址，符合 TCP/IP 协议规定的地址方案。这种地址方案与日常生活中涉及的通信地址和电话号码相似。在互联网中，既可以通过域名也可以通过 IP 地址来标识每一台主机。

1. IP 地址

IP（Internet Protocol）地址亦称为“网络地址”，可表达为二进制格式和十进制格式。二进制的 IP 地址为 32 位，分为 4 个 8 位二进制，将号码分隔成网络号和主机号两部分。这样便能唯一地指定每一台主机。由 4 组十进制数字表示的 IP 地址便于用户和网络管理人员使用和掌握。每 8 位二进制数用一个十进制数表示，并以小圆点分隔，例如：192.168.10.1。在 Internet 中，根据 IP 地址可以连接到 Internet 上任何一台主机。

2. 域名

互联网使用一种标准的命名方式来标识互联网上的每一台主机，这种命名方式称为域名系统（Domain Name System，DNS），这个地址也叫 URL 地址，即我们通常所说的网址。域名是接入互联网的计算机在网络上的名称，事实上，域名只是为了便于记忆互联网中的主机而采用的名字代码。例如：www.pku.edu.cn，其中 www 是为用户提供服务的主机类型，pku 代表北京大学，edu 代表教育科研网，cn 代表中国。

3. 域名与 IP 地址的关系

在互联网中，域名与 IP 地址之间存在着一种一对一的映射关系。换句话说，由于 IP 地址难以记忆，所以用域名映射 IP 地址。例如：北京大学的 IP 地址为 202.96.51.2，其域名为 www.pku.edu.cn。

三、Web 技术

（一）Web 是什么

互联网中的 Web 服务器数量众多，且每台服务器都包含多个网页，用户要想在众多的网页中指明要获得的网页，就必须借助统一资源定位符（Uniform Resource Locators，URL）进行资源定位。URL 由三个部分组成：协议、主机名、路径及文件名。例如：北京大学某一网页的网址为 http：//www. pku. edu. cn/education/szdw. jsp，其中 http：是采用的协议，www. pku. edu. cn 是主机名，education/szdw. jsp 是要访问的网页的路径及文件名。只要在浏览器中输入了要浏览的网页的 URL，便可以浏览该网页。

Web 服务器中的网页是一种结构化的文档，它采用超文本描述语言（Hypertext Markup Language），其最大的特点：一是可以包含指向其他文档的链接项，即其他网页的 URL，这样用户就可以通过一个网页中的链接项访问其他网页或在不同的页面间切换；二是可以将声音、图像、视频等多媒体信息集成在一起。正是这种多链接性我们才称之为 Web。

（二）Web 技术的发展历程

Web 即 World Wide Web（WWW）的简称，中文译作全球信息网、万维网，是建立在互联网基础上的应用技术。Web 主要由 Web 服务器、Web 浏览器以及一系列协议和约定组成，使用超文本、多媒体技术，以便人们在网上漫游，进行信息浏览和信息发布，它不仅提供传统的收发电子邮件、阅读电子新闻、下载免费软件、访问 Gopher 和 WAIS 资源等服务，还能提供网上聊天、BBS、讨论组、网上购物等许多新的功能。回顾 Web 技术发展历程，其大致可分为三个阶段：

第一阶段：静态 Web 技术；

第二阶段：动态 Web 技术；

第三阶段：事务 Web 技术。

1. 静态 Web 技术

静态 Web 技术主要用于静态 Web 页面（由文字和静态图像组成）的浏览，它是利用基于 HTTP（请求—响应）协议的 Web 服务器与浏览器实现超媒体文本的发布和浏览，这些 Web 服务器又称为 HTTP 服务器。当接到来自某一客户机的请求时，服务器进行相应的查询，并将得到的页面送回客户机。

静态 Web 技术通常被人们称为第一代的 Web 应用。此阶段最引人注目的就是融入了 Java（一种面向对象的编程语言）技术。Java 多媒体技术是改变静态 Web 页面的关键技术，它给平淡的网页增加了动感。

静态 Web 应用技术的不足之处在于发布的信息是静态的、不变的。随着应用的不断发展，人们不再满足于浏览少量的静态信息，他们希望 Web 站点能够根据用户需要提供相应的信息，这就产生第二代 Web 应用——动态 Web 技术。

2. 动态 Web 技术

互联网计算结构是在 Client/Server（客户机/服务器）计算结构的基础上发展起来的一种适用于分布式计算环境的新型网络计算平台。如何利用互联网技术来建立企业内部网（Intranet）已成为人们关注的焦点。怎样将 Web 技术与 Client/Server 系统中的后台数据库连接起来，使用户能在浏览器这个统一界面下既能浏览网上信息又能访问数据库就成为动态 Web 技术的主要内容，也成为从 Client/Server 结构过渡到 Browser/Server（浏览器/服务器）结构必须解决的一个热点问题。

3. **事务 Web 技术**

随着互联网的迅猛发展，由网络连接起来的用户希望在网上进行电子商务活动。同时 Web 技术、分布式对象技术、网络的安全技术等不断成熟，网上交易的法律和规则不断完善，为在网络上进行电子贸易提供了很好的技术环境和较大的可能性。为了在 Web 上进行实时可伸缩的事务处理，实现电子商务，Web 技术必须解决以下问题：如何实现实时的事务处理，并具有可扩展性、可伸缩性、安全性及客户认证能力以及与现有的 Client/Server 系统的集成。

事务 Web 技术允许数据库根据用户的查询要求产生动态的内容，即可动态地将变化的内容，以 HTML 的形式提供给用户，如报社的新闻站点。动态 Web 技术和事务 Web 技术将成为商家通过 Internet/Intranet（互联网/内部网）进行电子商务的强大工具。

（三）Web 的特点

1. **Web 是图形化的和易于导航的**

Web 非常流行的一个重要原因就在于，它可以在一页上同时显示色彩丰富的图形和文本。在 Web 之前，互联网上的信息只有文本形式。Web 出现后，就具有可以将图形、音频、视频信息集合于一体的特性。同时 Web 非常易于导航，只需要从一个链接跑到另一个链接，就可以在各页、各站点之间进行浏览。

2. **Web 与平台无关**

无论用户系统平台是什么，都可以通过互联网访问 WWW。浏览 WWW 对用户的系统平台没有什么限制。无论是 Windows 平台、UNIX（尤尼斯）平台、Macintosh（麦金塔电脑）还是其他的平台，用户都可以访问 WWW。对 WWW 的访问是通过一种叫作浏览器的软件实现的，如 Microsoft 的 Explorer。

3. **Web 是分布式的**

大量的图形、音频和视频信息会占用相当大的磁盘空间，我们甚至无法预知信息的多少。对于 Web 没有必要把所有信息都放在一起，信息可以放在不同的站点上，只需要在浏览器中指明这个站点就可以了，而通过 Web 工作方式就可使分布在不同地理位置上的信息整合在一起。

4. **Web 是动态的**

由于各 Web 站点的信息包含站点本身的信息，信息的提供者可以经常对站上的信息进行更新，如某个协议的发展状况、公司的广告等。一般各信息站都尽量保证信息的时效性。所以 Web 站点上的信息是动态的、经常更新的，这一点是由信息的提供者保证的。

5. Web 是交互的

Web 的交互性首先表现在它的超链接上，用户的浏览顺序和所到站点完全由自己决定。另外，通过表单的形式可以从服务器方获得动态的信息。用户通过填写表单可以向服务器提交请求，服务器可以根据用户的请求返回相应信息。

（四）Web 的工作方式

有了 HTTP 协议和 HTML 表示层句法，就可以构成客户机/服务器系统的 Web 系统，在传统上称 Web 的客户机为浏览器，它具有良好的图形界面，用鼠标和键盘作为输入设备进行输入。Web 的服务器一般仍称作服务器。用 HTML 语言写成的文本称为网页，在网页上有加重色的是超链接，当鼠标指向超链接并且单击鼠标左键时，即可通过 HTTP 协议将下一个主页传过来。

当然，仅是 HTTP 与 HTML 构建的 Web 系统功能过于简单，它大大限制了 Web 的应用场合。为了增强 Web 系统的能力，众多计算机厂商和标准化组织开发了许多新的技术，它们包括服务器端的 CGI（公共网关接口）、ASP（脚本环境）技术，客户机端的 Java、VB Script（可视化基本脚本板）等技术，这些技术使 Web 的应用扩展到更广阔的范围。

实例 2-3　2017 年影响中国互联网行业发展的十件大事

2017 年，网络强国建设迈出重大步伐，国家级战略规划相继出台，互联网法治建设不断健全，中国互联网科技产业蓬勃发展，工业互联网助推先进制造业发展，网络安全保障能力稳步提升，互联网内容建设不断加强，网络空间更加清朗。中国互联网协会紧扣时代发展脉搏，发布 2017 年影响中国互联网行业发展的十件大事。

1. 十九大报告多次提到互联网，互联网在经济发展中的重要地位更加凸显

在中国共产党第十九次全国代表大会上，习近平代表第十八届中央委员会向大会作了题为《决胜全面建成小康社会 夺取新时代中国特色社会主义伟大胜利》的报告。报告中多次提到了互联网：思想文化建设取得重大进展，公共文化服务水平不断提高，文艺创作持续繁荣，文化事业和文化产业蓬勃发展，互联网建设管理运用不断完善，文化自信得到彰显，国家文化软实力和中华文化影响力大幅提升；深化供给侧结构性改革，加快建设制造强国，加快发展先进制造业，推动互联网、大数据、人工智能和实体经济深度融合，在中高端消费、创新引领、绿色低碳、共享经济、现代供应链、人力资本服务等领域培育新增长点、形成新动能。

2. 国家出台一系列发展规划，推动互联网技术创新向纵深发展

2 月 17 日，工业和信息化部发布《信息通信行业发展规划（2016—2020 年）》，提出开展 5G 研发和产业推进，为 5G 启动商用服务奠定基础。

7 月 8 日，国务院印发《新一代人工智能发展规划》，提出面向 2030 年我国新一代

人工智能发展的指导思想、战略目标、重点任务和保障措施，部署构筑我国人工智能发展的先发优势，加快建设创新型国家和世界科技强国。

11月26日，中共中央办公厅、国务院办公厅印发《推进互联网协议第六版(IPv6)规模部署行动计划》，提出我国要用5~10年时间，建成全球最大规模的IPv6商用网络，预计2018年年末，IPv6活跃用户数将达2亿人，在互联网用户中的占比不低于20%。

3. 中国互联网法治化建设有序推进，协同治理迈入积极探索期

2017年中国互联网法律政策制定紧跟产业发展步伐，重点覆盖网络安全、网络虚拟财产、数据流动、信息保护、竞争规则、平台责任等多个领域，效力层级更高，适用领域更广，调整程度更深。

互联网法律体系逐步形成，《网络安全法》正式实施，《民法总则》及时回应网络时代新问题，新修订的《反不正当竞争法》增设互联网不正当竞争行为专条，《电子商务法（草案）》进入二审阶段。

4. 互联网百强企业营收破万亿元，境内网站性能持续提升

中国互联网协会、工业和信息化部信息中心联合发布的《2017年中国互联网企业100强分析报告》显示，中国互联网百强企业的互联网业务收入总规模达到1.07万亿元，首次突破万亿大关，同比增长46.8%。互联网百强企业收入占信息消费的比重达27.43%，较上年度提高了4.66%，带动信息消费增长8.73%，贡献率比上年度提升0.63个百分点，对经济增长的贡献进一步提升。72家企业互联网业务收入增速超过20%，其中31家企业实现了100%以上的超高速增长。中国互联网企业前十名依次为腾讯、阿里巴巴、百度、京东、网易、新浪、搜狐、美团、携程、360。

5. “中国制造2025”全面实施，工业互联网助推先进制造业发展

2017年“中国制造2025”进入全面实施阶段，配套政策措施陆续推出，纵向联动、横向协同的工作机制不断完善，国家制造业创新中心建设、智能制造、工业强基、绿色制造、高端装备创新五大重点工程稳步推进，“中国制造2025”国家级示范区启动创建，一批标志性项目落地实施，重大创新成果开始涌现；国家制造业创新体系建设进一步完善，信息光电子、印刷及柔性显示、机器人3家国家制造业创新中心得到批复，48家省级创新中心启动培育；工业强基工程“一揽子”重点突破行动持续推进，高档数控系统、高端装备等重点领域技术瓶颈问题进一步缓解；202个综合标准化和新模式应用项目完成立项，一批主营业务收入超10亿元的系统解决方案供应商快速成长；大企业“双创”平台持续普及，制造业骨干企业“双创”平台普及率接近70%；上海、浙江、湖北、辽宁、陕西等省市细化落实《“中国制造2025”分省市指南(2017)》，推进试点示范城市建设取得突出成效。2017年1~11月，全国规模以上工业增加值增长6.6%。

6. 互联网金融监管渐趋明朗，市场秩序更趋稳定

互联网金融市场风生水起，然而监管重拳层层加码，节奏紧密，铿锵有力，2017

年步入互联网金融合规元年。2 月，银监会[①]发布《网络借贷资金存管业务指引》，详细规定了开展互联网金融业务的各项要求，帮助银行和网民更好地辨别网贷机构的合规性和安全性。8 月，银监会正式印发实施了《网络借贷信息中介机构业务活动信息披露指引》《信息披露内容说明》，标志着网贷行业“1 + 3” 制度框架基本搭建完成，初步形成了较为完善的制度政策体系。“现金贷” 业务被纳入互联网金融专项整治范畴。

在支付领域，围绕备付金管理、跨机构清算、条码支付业务等，人民银行出台《关于实施支付机构客户备付金集中存管有关事项的通知》《关于将非银行支付机构网络支付业务由直连模式迁移至网联平台处理的通知》《关于进一步加强无证经营支付业务整治工作的通知》《关于规范支付创新业务的通知》《条码支付业务规范（试行）》等规范性文件。

7. 安全威胁态势依然严峻，网络安全保障能力稳步提升

2017 年，我国网络安全威胁态势依然严峻，移动互联网的恶意程序数量呈高速增长态势，针对关键信息基础设施的攻击频率增强，物联网安全、勒索病毒传播、僵尸网络肆虐、网络攻击、网络诈骗、信息泄露等问题日渐突出。Cerber、Crysis、WannaCry 三大勒索软件呈现出全球性蔓延态势，攻击手法和病毒变种也进一步多样化。

8. 新生代创新型互联网企业涌现，探路“出海”脱颖而出

数据显示，我国独角兽企业总数达 120 家，整体估值总计超 3 万亿元。其中，互联网金融行业的蚂蚁金服以超过 4000 亿元人民币估值高居榜首，滴滴出行以超过 3000 亿元人民币位列第二，小米、新美大并列第三。独角兽企业在出行、短租、医疗、物流、安全、金融、知识付费、网络直播等领域多点开花，无人机、机器人、移动互联网、生物医药、新材料、现代物流等从高端制造业到高新技术产业，再到现代服务业，各领域涌现出独角兽新秀。在资本的推动下，中国独角兽公司的诞生速度加快，围绕“连接 + 需求” 的发展模式成为众多独角兽企业的共同选择。从发展趋势来看，独角兽企业基于差异化定位，凭借中国本土经验优势扬帆“出海”，成为企业盈利的新选择。

9. 共享产品呈现大浪淘沙态势，分享经济从喧嚣中回归冷静

分享经济得到较快发展，也经历了不断洗牌过程。一方面，滴滴出行、摩拜单车等企业占领了更多的市场份额，覆盖领域不断增加，交易市场不断完善，共享出行、共享空间、共享资金价值、共享知识教育、共享餐饮、共享医疗、共享技能等多个领域共享服务活跃进场，除网约车、共享单车外，充电宝、雨伞、篮球、马扎乃至睡眠舱等共享模式五花八门。知识分享作为新兴市场潜力可观，通过把知识技能分享与传统领域结合，实现了传统领域资源要素的快速流动与高效配置。另一方面，新兴企业也正不断遭受市场的考验，市场竞争不断加剧，倒闭潮、押金难退等信息不断曝光。分享经济从热潮回归理性，行业风口紧缩，多家企业折戟沉沙，优秀的企业在这场大浪淘沙中站稳脚跟，企业运营模式日趋成熟。

---

① 银监会于 2018 年与保监会合并为银保监会。

10. 互联网内容建设不断加强，助力社会主义文化繁荣发展

全民阅读理念更加深入人心，全民阅读质量和水平不断提高，文字、视频、音频成了知识变现的三种载体，付费阅读成为时尚。逻辑思维推出 App“得到”，提供付费订阅内容；米果文化出品的“好好说话”在“喜马拉雅”电台推出付费收听节目；新浪微博、今日头条等也都推出问答类产品。数据显示，我国各大数字阅读平台数字阅读移动端月度平均有效使用时长超过 18 亿小时，用户阅读时长有显著增长，知识付费用户规模达 1.88 亿人。随着用户需求提升、市场下沉及产业链拓展，国内数字阅读平台纷纷向海外市场伸出橄榄枝，一方面促进我国文化产业向国外拓展，另一方面也彰显了我国坚定的文化自信和文化软实力。

资料来源：中国互联网协会。

四、物流配送中心

物流是指物质实体的流动，具体指运输、储存、配送、装卸、保管、物流信息管理等各种活动。物流配送中心是提供交易商品的运送服务的专业化部门，是指协助制造商储存商品或负责把产品从原产地运送到销售地的企业，主要包括仓储企业和运输企业或第三方物流公司。在网络营销中，只有少数商品和服务可以直接通过网络传输的方式进行配送，如电子出版物、软件等，大多数商品和服务的物流过程必须通过物理活动才能完成。无论网络营销是多么方便的销售方式，只要交易的商品是实物，交易的实现就离不开完整的物流过程。网络营销的物流配送是关键的一点，就是提倡交易流程的时效性。它要求物流公司能够提供全方位、多层次的物流输送体系，以完成整个交易环节中的物流配送流程。很显然，目前国内的物流状况与网络营销所需的配送服务要求还有很大的差距。

目前，包括一些发达国家，对于配送系统都处于开发阶段，但由于国外的市场经济发展早，因此网上商品丰富，配送系统相对完善。中国正在兴起一种新的配送方式，即第三方配送。第三方配送具有专业水平，是提高配送效率的有效途径，且电子商务网站依此可以大大降低成本，目前国内的一些大城市（如北京）已开始尝试开展第三方配送。

五、金融中介机构

网上金融中介是提供电子支付的相关机构，而金融机构是指对货物购销提供融资、结算或保险的各种企业，主要包括银行、信托公司、保险公司等，金融中介机构是商务活动的基础保证。电子商务是资金流、信息流、商流、物流等流程的统一，电子商务的支付与结算需要电子化金融体系的密切配合。目前我国金融服务及其电子化水平比较落后，跨区域、跨银行的电子支付系统还未建立，网上支付、结算等问题在很大程度上阻碍了我国电子商务发展的进程。例如，上海新华书店在互联网上发布了图书信息，收到大量国外的订单，但是由于国内的电子支付手段没有建立，生意无法成交，

造成了不小的经济损失。

加快建立银行间、银行与企业间资金清算和金融管理信息系统，使企业和个人能够随时随地使用电子支付，实时完成电子交易已经势在必行。另外，在经济全球化的今天，各国的货币体系区别很大，而且存在汇率问题，因此，有必要努力将各种不同的支付方式统一起来，真正实现“一卡走世界”。对于支付各方（如买者、卖者、银行、中介机构等）的权利与义务也要有相应的法律予以确认。网络银行正日益成为全球金融市场中一种崭新的银行经营交易方式，引导着银行业迈上崭新的制度变迁之路。银行的组织结构、经营理念、运作模式、服务方式、企业文化以及业务流程都在发生重大变革，银行电子化、综合化、全能化、虚拟化的趋势逐步加强。

金融中介机构指从资金供给者吸收资金提供给资金需求者的媒介机构。作为网络经济最活跃的参与者，银行业必将成为电子商务、网络营销乃至新经济持久而强大的推动力量。

任务总结

网络营销是借助计算机网络、电脑通信和数字交换式媒体的威力来实现营销目标的一系列市场行为。网络营销是一种“软营销”，是在遵守网络礼仪的同时满足顾客个性化消费需求的服务。网络营销环境分析是企业经营过程中一项必不可少的工作，其和网络营销技术的应用是企业启动网络营销活动的前提条件。通过对企业经营环境的充分了解和分析，可以正确认识企业自身的优势和劣势，了解消费者的需求，明确企业所面对的竞争对手及其特点，对企业面对的环境变化和发展趋势进行预测和事先判断，为企业制订全面的经营策略提供坚实的依据。这种互动式的营销模式，改变了中间商在营销渠道中的作用，利用网络虚拟化的特征，降低了营销成本。

1. 网络营销环境

网络营销环境是指对企业的生存和发展产生影响的各种内外部条件，即与企业网络营销活动有关联因素的部分集合。它主要包括三种环境。

（1）网络营销的网络环境

互联网已经不只是传统意义上的电子商务工具，而是独立成为新的市场营销环境，并且构成了市场营销整体环境中最重要的部分，从网络环境构成上来讲，它具有五个要素：①提供信息资源；②全面影响力；③动态的变化；④多因素互相作用；⑤反应机制。

（2）网络营销的宏观环境

它是指影响企业进行网络营销活动的宏观条件。它对企业短期的利益可能影响不大，但对企业长期发展具有很大的影响。主要包括六个方面：①政治法律环境；②经济环境；③人文与社会环境；④科技与教育水平；⑤自然环境；⑥人口因素。

（3）网络营销的微观环境

微观环境由企业及其周围的活动者组成，直接影响着企业为顾客服务的能力。它包括五个方面：①企业内部环境；②供应商；③营销中介；④顾客或用户；⑤竞争者。

2. 网络营销平台

企业要从事网络营销，必须首先接入互联网，并建立自己的网站。企业建立一个网站可以立即享受到诸如抢占网络商机、提升公司形象、加强客户服务、价格低廉、时效惊人的好处。

3. 建立营销网站基本程序

从技术角度来讲，建立一个营销网站的基本程序包括①申请域名；②硬件设备的购置及网络的建设；③确定提供服务的种类及选用合适的服务器软件；④选择合适的数据库后台支持；⑤Web 的安全性。IP 地址和域名是互联网使用的网络地址，符合 TCP/IP 协议规定的地址方案。

4. 互联网已成为最大计算机网络系统

目前，互联网已发展成为连接全球数以万计局域网的最大的计算机网络系统。在该网络上，用户可以尽享网上信息。互联网提供的服务类型包括网页浏览、电子邮件、新闻组、文件传输、远程登录、电子公告板以及互联网提供的其他丰富多彩的服务。Web 是一种超文本信息系统，它的特点有三方面：①Web 是图形化的和易于导航的；②Web 与平台无关；③Web 是分布式的、动态的、交互的。

通过本章的学习，学生对网络营销环境和网络营销的支持条件有一个全面的认识和了解，为学习后面的内容打下坚实的基础。根据本章的特点，学生可采用归纳法、图表法、联系记忆法等方法，正确理解和熟练掌握本章的主要专业术语、知识要点和各节知识之间的内在联系，并通过上网实践掌握有关技巧。

EQ驿站

猴子实验

科学家将四只猴子关在一个密闭房间里，每天喂食很少食物，让猴子饿得吱吱叫。几天后，实验者在房间上面的小洞放了一串香蕉，一只饿得头昏眼花的大猴子一个箭步冲向前，可是当它还没拿到香蕉时，就被预设机关所泼出的热水烫得全身是伤，当后面三只猴子依次爬上去拿香蕉时，一样被热水烫伤。于是众猴只好望“蕉”兴叹。几天后，实验者换了一只新猴子进入房内，当新猴子肚子饿得也想尝试爬上去吃香蕉时，立刻被其他三只老猴子制止，并告知有危险，千万不可尝试。实验者再换一只猴子进入房内，当这只新猴子想吃香蕉时，有趣的事情发生了，这次不仅剩下的两只老猴子阻止它，连没被烫过的那只猴子也极力阻止它。实验继续，当所有猴子都已换过之后，没有一只猴子曾经被烫过，上头的热水机关也取消了，香蕉唾手可得，却没有一只猴子敢上前享用。

这个实验带给我们的提示：虽然事过境迁，环境在改变，但大多数人仍遵守前人失败经验，平白错失机会。所以，企业营销人员只有多思考，不盲目跟风，才能抓住机会，否则往往会平白错失大好机会。

检测练习

扫一扫，查看任务二课后习题。

任务三　网络营销基本策略

任务提出

A公司是一家以食品饮料加工和销售为主的企业，曾经是我国饮料业的名牌企业之一。从20世纪90年代以来，随着市场竞争的加剧，该公司的名牌地位受到冲击，经营状况不佳，销售额急剧下降。为了扭转当前不利的局面，公司想从网上开展销售业务，假如你是公司的高管，你打算怎么做?

任务分析

要想在网上开展销售业务，首先应该对网络营销基本策略有一个基本的了解，如网络营销基本策略的组成及其应用技巧和方法等，因此本次任务涉及以下内容。

1. 网络营销产品的概念及产品选择策略

随着网络和信息技术的发展以及经济全球化的发展，传统的营销手段受到一定的限制，而网络营销显得越来越重要，其产品概念及策略也就有了新的特点和意义。

2. 网络营销定价的特点及定价策略

网络营销面对的是开放的全球市场，用户可以在互联网普及的任何一个地方直接通过网站购买。因此企业不能以统一的价格策略来面对这个巨大的市场，必须采取全球化和本地化结合的原则来进行定价，并结合产品的特点来选择定价策略。

3. 网络营销渠道的分类及其策略

在网络营销活动中，也有一个怎样实现商品由推销方向购买方转移的问题，企业必须通过一定的分销渠道策略来实现网络营销的目标。其中包括对与分销有关的渠道覆盖面、商品流转环节、中间商、网点设置以及储存运输等可控因素的组合和运用。

4. 网络营销及其策略

企业在虚拟的网络市场上从事营销活动时，需要通过一定的营销活动来刺激消费者的购买欲望，促进产品的销售，实现网络营销目标。其中包括对营销有关的广告、公共关系等可控因素的组合和运用。

任务分解

为了更好地理解网络营销基本策略，我们将本任务分解成如下四个课题。

课题一：如何应用网络营销产品策略

课题二：如何应用网络营销价格策略

课题三：如何应用网络营销渠道策略

课题四：如何应用网络营销策略

下面分别对这些课题的目标进行确认，并对其实施给予理论和实践上的指导。

课题一　如何应用网络营销产品策略

我们可以通过分析现在利用网络营销进行产品销售的公司如何运用产品策略，完成产品的销售，获得更大的利润，促进公司的发展，来了解网络营销产品策略的概念，掌握网络营销产品策略。

一、网络营销产品策略

网络营销产品策略是指企业利用计算机网络这一工具向目标市场提供各种符合消费需求的产品的方式来实现其营销目标的策略。这一策略中包括对产品有关的品种、规格、式样、质量、包装、特色、商标、品牌以及其他服务措施等可控因素的组合和运用（例如：对于一个进行网络营销的公司，如何对自己公司产品的品种、规格、式样进行文字性或图片式的宣传，如何提高自己公司产品的质量使自己公司的产品可以得到网络购买者的认可及信任）。

网络营销与传统营销一样，对于消费者来说是为了满足自己的需求，得到购物的成果，享受购物的过程；对于企业来说是为了满足顾客的需要，实现更好的利益。在传统营销过程中，生产厂家生产何种商品，销售何种商品，也有一定的规则可循，例如，随着时代的发展，人们的需求也在不断地变化，这时就需要企业开发新的产品，满足顾客的需求，根据不同年龄段、不同收入的顾客群开发不同的产品。同时产品的发展前景也在其中起到很大作用，如果产品在市场上已经饱和，这时就需要放弃此类产品，但对于消费群体需求少的产品也要适量进行生产。在虚拟的网络市场上，营销者必须以各种产品，包括有形和无形的产品，来实现企业的营销目标。顾客由被动变为主动，可以按照个人的喜好定制产品，参与产品的生产过程，同时企业也因此得到很多好的建议和意见，为企业生产新产品、增加顾客购买力奠定了基础。为企业开创了新的市场。

网络营销产品策略包括新产品、直销、广告、销售促进、价格和销售等营销组织因素的具体战略、目标市场战略、定位战略等。

扫一扫，查看“简书的产品运营案例”。

二、网络营销产品的特点

企业制订网络营销产品策略首先必须了解网络营销产品有哪些特点，有哪些产品适合在网络上进行销售。下面我们就对网络营销过程中产品的主要影响因素进行了解。

（一）产品性质

由于互联网上内容日益丰富、服务日益多样、操作更加简便以及使用成本的降低，互联网越来越走向大众化。根据调查，进行网上消费的顾客大多属于受教育程度高、收入偏高的人群，他们在初期对产品的技术含量有一定要求，因此此类用户上网大多与网络等技术相关，因此网上销售的产品最好是与高技术或与电脑、网络有关。例如数字产品，包括软件、电子出版物、音像制品等可以用计算机语言表示的产品。由于数字产品可以在网络中以光速进行递送，与非数字产品相比，没有了物流方面的困扰，没有了不能看、不能感受的阻碍，因此成了互联网上最受欢迎、最活跃的产品，也是网络消费中比例较高的类别。还有一些无形产品如服务类也可以借助网络的作用实现远程销售，如远程医疗。

（二）产品质量

由于网络的虚拟性使得顾客可以突破时间和空间的限制，实现远程购物和网上直接订购，这一特点使得网络购买者在购买前只能看到产品的图片和相关的文字性介绍，不能直观地感受到产品的真实存在，这就需要企业或商家提高产品质量和客户服务，使购买者无后顾之忧。

（三）产品包装

通过互联经营的针对全球市场的产品，其包装必须适合网络营销的要求。产品包装的功能可以从两方面进行分析：其一，使用价值，由于利用网络营销销售的产品大多需要物流公司进行配送，而在配送过程中为了保证产品的完整性，就需要产品包装的保护功能；其二，宣传价值，产品的包装除了对产品起到保护作用外，同时可以对产品起到宣传以及介绍的作用。

（四）目标市场

网上市场是以网络用户为主要目标的市场，在网上销售的产品要适合覆盖广大的地理范围。由于网络不受空间限制的特性，使目标市场得到了很大扩展。如果产品的目标市场比较狭窄，可以采用传统营销策略。

（五）产品价格

在互联网发展初期，互联网只是提供信息交换、传递的一个平台，用户使用网络只是依赖于网络上信息的免费共享。随着社会的发展，人们的生活方式有了较大变化，人们对网络的信任感增强，并开始网上购物，所以，一方面，网上用户比较认同网上产品的低廉特性；另一方面，由于没有了传统营销方式中所涉及的场所、水费、电费、人力资源等问题，通过互联网络进行销售的成本低于其他渠道的产品，所以在网上销售的产品一般采用低价位定价。

三、网络营销产品的分类

上述网络营销产品的特点实际上是由于网络的限制使得只有部分产品适合在网上销售，随着网络技术的不断发展和其他科学技术的进步，将有越来越多的产品在网上进行销售。在网络上销售的产品，按照产品性质的不同，可以分为两大类：实体产品和虚拟产品。

（一）实体产品

实体产品是指有具体物理形状的物质产品。在网络上销售实体产品的过程与传统的购物方式有所不同。在这里已没有传统的面对面的买卖方式，网络上的交互式交流成为买卖双方交流的主要形式。消费者或客户通过卖方的主页考察其产品，通过填写表格表达自己对品种、质量、价格、数量的选择；而卖方则将面对面的交货改为邮寄产品或送货上门，这一点与邮购产品颇为相似。因此，网络销售也是直销方式的一种。

（二）虚拟产品

虚拟产品与实体产品的本质区别是虚拟产品一般是无形的，即使表现出一定形态也是通过其载体体现出来，但产品本身的性质和性能必须通过其他方式才能表现出来。在网络上销售的虚拟产品可以分为两大类：软件和服务。软件包括计算机系统软件和应用软件。网上软件销售商常常可以提供一段时间的试用期，允许用户试用并提出意见。

服务可以分为普通服务和信息咨询服务两大类，普通服务包括远程医疗、法律救助、航空火车订票、饭店旅游服务预约、医院预约挂号、网络交友、电脑游戏等，而信息咨询服务包括法律咨询、医药咨询、股市行情分析、金融咨询、资料库检索、电子新闻、电子报刊等。

对于普通服务来说，顾客不仅注重所能够得到的收益，还关心自身付出的成本。通过网络媒体，顾客能够尽快地得到所需要的服务，免除排队等候的时间成本。同时消费者通过浏览软件，能够得到更多、更快的信息，提高信息传递过程中的效率，增强营销的效果。

对于信息咨询服务来说，网络是一种较好的媒体选择。用户上网的最大需求就是寻求对自己有用的信息，例如，了解产品信息，如最新产品上市情况，产品的功能、类型；了解企业商家的信息，对企业进行更详细的了解，以保证最终购买的产品种类多、价位低、性能好。

四、网上消费者的类型

网上消费者的构成类型是千变万化的，任何几种特征变量和细分变量都可以组合出不同的细分市场，我们将从市场规模以及普遍性的角度，把网上的消费者分为下列几种类型。

（一）寻求方便者

随着社会的发展，人们的生活节奏渐渐加快，快节奏、高密度的工作和生活使一部分消费者没有足够的时间去商场购物，这类顾客的收入一般偏高，绝大多数为高学历的人才或是高层管理人士，属于中年阶段，较高的教育程度以及对互联网的熟知使他们比较容易接受网上购物这一消费方式。他们之所以进行网上购物，主要是因为商业网站上购买商品会节约更多的时间以及获得可靠安全的售后服务保障，至于价格方面他们并不是十分敏感。

针对这一类顾客，企业应该为其提供更加便利的送货方式，如上门送货等形式，这样会为顾客节约大量的时间。同样考虑到时间成本，支付方式也要选择在线支付或是货到付款，而不应选择邮局汇款和邮寄形式。

（二）尝试者

尝试者一般以年轻人居多。主要原因是年轻人喜欢追求新的事物、新的产品以及新的方式。尝试者具有强烈的求新心理，大多是怀着尝试的心态去进行网上购物，而并非真正地被网络购物的优势所吸引，此类顾客在尝试阶段的购买方式一般会选择传统的汇款方式，包括邮局汇款和邮寄形式，而不会采用信用卡支付。在一两次网络购物以后，这种类型的网络顾客会分化成两类群体，一类是好奇心满足以后便不再继续进行网上购物；另一类是由于感觉到了网络购物带来的便利性而选择继续进行网络购物，成为真正的网络顾客。

尝试类型的顾客对于企业来说是新顾客，如何使新顾客成为永远的老顾客，这就需要企业对顾客提供优良的服务，对顾客提出的建议和意见可以及时地反馈，使顾客对企业的信任感加强，从而再次光顾。

（三）理性购买者

网络营销系统为企业带来了巨大的商机，同时也为消费者提供了前所未有的选择空间，由于传统营销在社会中长期占有主导地位，使部分消费者，即理性购买者对企业的宣传有了足够的判断和辨别能力，同时对企业的广告具有了相当的抵抗力，选择产品不再依赖于企业在广告方面所做的宣传介绍，产品的质量、价格及服务等才是他们真正关心的内容。理性购买者常常通过网络对企业网站上所显示的数据（产品的介绍、企业的介绍、产品的价格、产品的销售额等）进行分析，然后与同类产品的企业进行反复比较，最后决定购买哪家企业的产品，他们对产品的需求趋于理性化，对产品的购买不会一味盲从，而是对产品经过研究分析后再去购买，他们将不再被动地接受公司提供的产品，而是根据个人的需求对企业表达自己对产品的意见或建议，由公司进行接纳并实施。理性购买者以男性居多，他们受教育程度较高，对所要购买的商品有一定程度的了解，他们往往会大量收集相关的购物信息并进行比较，最后作出决定。

（四）信息寻求者

这类顾客在网络上只是寻找所需要的产品信息或企业信息，但并不通过网络途径来购买，而是仍然通过传统渠道购物，这种顾客以中年及低龄的人群为主，他们使用网络的概率偏低，对网络了解不深，只是查看一下相关的内容或新闻，基本只是浏览信息或使用信息获取服务。由于消费观念等因素他们进行网络购物的可能性较小。

这类顾客对于开展网络业务的公司来说，可能占到的比例比较小，但对于传统营销企业来说，他们却是很有价值的顾客。对于传统营销企业，在开展营销的同时也要在网络上进行宣传，以增强企业的影响力，使顾客对产品的了解更深入，增加购买力。

通过以上分类不难看出消费者购买产品的出发点不同，所以他们对产品的式样、质量、价格等也有不同的需求，例如寻求方便者在购买产品的同时只是为了得到方便，对产品的式样要求并不高，但对质量与价格的要求则相对高一些。而对于尝试者来说则有很大的不同，他们具有强烈的求新心理，会对网上销售的产品的式样有更多的要求，但对于质量和价格的要求会相对弱一些。对于一个企业来说，如果产品是在全球范围内进行销售就要符合该国或地区的风俗习惯、宗教信仰和教育水平。同时，由于网上消费者的个性化需求，网络营销产品的式样还必须满足购物者的个性化需求。

从以上的分析我们可以了解到，一个开展网络营销的企业该如何定位自己的商品，自己公司生产或销售的产品是否适合在网络上进行销售，利用网络销售自己公司的商品应采用何种包装来吸引顾客，同时还要了解自家商品的消费者构成。如果想成功地在网上进行产品销售，使用产品策略就要对以上信息有一个详细的了解。

课题二　如何应用网络营销价格策略

网络销售吸引了大量顾客的注意，它经营多种产品（服饰、化妆品、食品、数字产品等），不仅使用了网络营销产品策略，同时也使用网络营销定价策略。

顾客在进行购物时不只享受了购物的便利及购物的乐趣，最重要的是享受了合理的产品价格，由此我们可以看出使用网络营销定价策略的重要性。如何使用网络营销定价策略呢？首先我们要了解以下内容。

一、网络营销定价策略的概念

网络营销定价策略是指企业或商家在进行网络营销过程中，对产品的价格进行合理制定，使产品得到顾客的认可，企业获得更多的利润。

二、网络营销定价策略的特点

（一）全球性

由于网络的出现，网络营销这一新生事物逐渐进入人们的生活，在生活水平提高的前提下，人们开始更重视生活质量。在市场营销过程中，消费者所接触的产品只是处于生活范围之内的产品，作为商家所经营的范围也只是在其企业所在地范围之内，顾客群体有限，但网络营销的出现无疑解决了以上两个问题。网络营销市场面对的是开放的和全球化的市场，消费者可以在世界各地直接通过网站进行购买，而不用考虑选择的商品及生产厂家是属于哪一个国家或者地区。这种目标市场从过去受地理位置限制的局部市场，一下拓展到范围广泛的全球性市场，这使得进行网络营销的企业在产品定价时必须考虑目标市场范围的变化给定价带来的影响。

网络营销定价策略主要分以下两种情况：①如果销售的产品生产地和销售目的地与传统市场相似，我们可以不对产品的定价进行修改。②如果产品的生产地和销售目的地与原来传统市场差距非常大，定价时就必须考虑这种地理位置差异带来的影响。如当当网上商店的产品来自美国，客户也是美国，那可以按照原定价方法进行定价，不需要大的变动，如果产品来自美国但客户是中国或者其他国家的，采用以上方法就很难面对全球化的市场，会影响该企业网络市场的进一步开拓。为解决这些问题，可采用本地化方法，在不同市场的国家建立地区性网站，以适应地区市场消费者需求的变化。

因此，在网络营销过程中企业面对的是全球性网上市场，不能以统一市场定价策略来面对差异性极大的全球性市场，必须采用全球化和本地化相结合原则进行定价。

（二）低价位定价

互联网最初应用于科学研究中，随着社会的发展，互联网的使用也越来越广泛。互联网最初使用者的主导观念是网上的信息产品是免费的、开放的、自由的。在早期互联网开展商业活动应用时，许多网站想要利用互联网这一工具进行收费从而获利，但由于使用者观念的影响，此方法并不可行。但随着网络的普及，出现了一些网站，例如：百度、雅虎等网站，用户利用这些网站可以获取自己所需要的信息，并且是免费的。从表面上来看，这些网站提供了消费者所需要的信息，节省了大量的时间，但与此同时由于对信息的深入了解，可能会直接促使消费者购买行为的产生，对于企业来说，同样可以通过以上网站进行超级链接，使用户可以更加方便地找到企业的网站，并进行购买，由此可以看出这些网站成功的主要原因是它不仅遵循了互联网的免费原则，同时也应用了间接收益原则。通过此种方式，用户可以节约大量的时间，得到自己所需要的产品，企业也可以通过这些网站扩大影响力，增加知名度，最终达到获利的目的。

利用网络进行销售首先要考虑此种产品是否适合网络营销，因为网络的特殊性，网络产品的价位相对于市场上同类产品的价位要低，顾客之所以选择在网络上进行购物，原因不只是方便快捷，较低的价位也是吸引顾客的重要因素之一，有些产品从市场销售转换为网络销售后有很大的降价空间，但有些则没有。导致这一现象出现的原因有很多，例如：服饰产品，在市场上销售时，需要有固定的场所，这就涉及店面的租金问题，其中还有店面的装修费用，水、电费以及销售人员的劳务费等，这些费用无疑会加到产品身上，导致产品价位提高，但如果服饰产品采用网络营销方式，则不用考虑以上费用，所以价格可以进一步调低。但有些产品则与服饰类产品不大相同，目标客户对产品的价位不敏感。例如数字化产品，数字化产品可以通过网络免费试用或者直接下载，这样不仅为客户节约了时间，产品的质量及功能也能得到客户的认可。

（三）顾客主导定价

所谓顾客主导定价，是指为满足自身需求，顾客通过充分的市场信息来选择购买或者定制生产自己满意的产品或服务，同时以最小的代价（产品价格、购买费用等）获得这些产品或服务。简单地说，就是顾客的价值最大化，顾客以最小成本获得最大收益。

顾客主导定价的策略主要有顾客定制生产定价和拍卖市场定价。随着科学技术的进步和社会经济的发展，传统营销的供给越来越充足，人们的生活水平也越来越高，与此同时人们的需求差异化就越来越大，个性化程度越来越高。在传统的营销方式下，产品及服务都是由企业和商家自己设计好并制造出来的，并没有顾客的参与，顾客没有办法按照自己的需求对产品和服务提出具体的要求，而采取网上营销，则可以使买卖双方通过网络进行沟通。针对不同的人，不同的文化素质，不同的年龄阶段、偏好，不同的使用目的和不同的服务要求，真正实现“量身定做”，实现网络营销的顾客定制生产定价。对于拍卖市场定价是指产品的价格不是由企业及商家制定，而是在拍卖过程中由顾客最终的购买价格决定。顾客主导定价对顾客、企业及商家都有很大帮助：一方面，它满足了当下顾客需求的差异化，顾客可以根据自己的收入水平及接受程度选择合适的商品；另一方面，企业的生产制造与商家的营销过程有了顾客的参与，可以根据顾客的要求定做产品，这对于企业及商家开发新产品、开拓新市场有很大帮助。

三、网络营销定价策略

（一）低价定价策略

低价定价策略分为两种，一种为直接低价定价策略，另一种为折扣策略。

借助互联网进行营销，比传统销售渠道的费用低廉，主要因为传统的销售渠道受地域的限制，而且广告宣传方面、销售场地方面都需要大量的资金支持，但网络营销则不需要场地，同时广告费用也节约了很多。因此网上销售价格一般来说比现实的市场价格要低。网络用户可以平等地共享信息和资源，这使得公司能方便地掌握竞争对手的产品信息与营销方式，使得网络中的市场竞争呈现出透明性。这种透明性一方面给企业带来了一定的价值利益，比如企业通过网络可以公开采购，把信息公开化，交易过程程序化、透明化，但另一方面也使得竞争越加激烈，带给公司更多的压力，这种压力主要体现在价格上。由于网上的信息是公开且易于搜索的，因此网上的价格信息对顾客购买意向有重要的参考作用。根据调查研究，顾客之所以选择网上购物，一方面是因为网上购物比较方便，可以节约大量时间；另一方面是因为从网上可以获取更多的产品信息，可以进行分析比较后再购买，从而以最优惠的价格购买商品。

直接低价定价策略就是定价时大多采用成本加一定利润，有的甚至是零利润，所以这种定价在网络营销的透明性的约束下比同类产品的定价要低。它一般是制造业企业在网上进行直销时采用的定价方式，如戴尔（Dell）公司电脑定价比同性能的其他公司产品低10%～15%。采用低价策略的基础即为前面分析中指出的，通过互联网，企业可以节省大量的成本费用，所以价格要比传统营销方式低。

低价定价策略是折扣策略，在传统营销方式中也有用到折扣策略，但由于企业在传统营销中易受场地及一些外在条件的限制，导致产品的折扣只在短时期内存在，例如：服饰、化妆品等产品，都会随着季节的更替而对过季商品进行折扣销售，以防止出现大量货物积压现象，而网络营销中的折扣策略则是在原价基础上进行折扣来定价的。这种定价方式可以让顾客直观地了解产品的降价幅度以刺激顾客的购买欲望，促进顾客购买。这类价格策略主要用在一些网上商店，它一般按照市场上的流行价格进行折扣定价。如当当网上的书籍根据种类不同分别有3～5折的折扣，这对于当下生活节奏快的消费者来说，是较容易接受的，此种策略既节约了时间，又以低价位获得了产品。

如果企业开展了网上营销，但产品价格又不具有竞争优势，则可以采用网上促销定价策略。由于网上顾客面广、购买力强，许多企业为打开网上销售局面和推广新产品，采用临时促销定价策略。促销定价除了前面提到的折扣策略外，比较常用的是有奖销售和附带赠品销售。

在采用低价定价策略时要注意：第一，由于互联网是从免费共享资源发展而来的，因此用户一般认为网上商品比从一般渠道购买的商品要便宜，所以，网络营销不宜销售那些顾客对其价格敏感而企业又难以降价的产品；第二，在网上公布价格时要注意区分消费对象，一般分为一般消费者、零售商、批发商、合作伙伴等，针对不同消费对象分别提供不同的价格信息发布渠道，否则可能因低价策略混乱导致营销渠道混乱；第三，因为消费者很容易就可以通过搜索功能在网上找到最便宜的商品，所以网上发布价格时要注意比较同类站点公布的价格，否则价格信息公布将起到反作用。

（二）定制生产定价策略

1. 定制生产内涵

在网络营销过程中，最大的变化就是消费者主动权的扩大，消费者不仅可以挑选自己需要的信息、产品，还可以自己参与产品设计。网络用户大多年龄较轻，收入在中等以上，教育水平较高，对新鲜事物有好奇心，一般都有各自独特的见解，所以他们对产品的要求不再局限于企业已有的商品和服务，而是向企业提出自己的想法，要求企业满足自己的个性化需求。按照顾客需求进行定制生产是网络时代满足顾客个性化需求的基本形式。定制化生产根据顾客对象可以分为两类，一类是面对工业组织市场的定制生产，这部分市场属于供应商与订货商的协作问题，如大型机械根据订货商的要求按照订货商给出的相关设计方案及成本组织生产。这类工业组织市场的定制生产主要通过产业价值链从下游企业向上游企业提出需求和成本控制要求，上游企业通过与下游企业进行协作设计、开发并生产满足下游企业需要的零配件产品。另一类是面对消费者市场的定制生产，由于消费者的个性化需求差异性大，加上消费者需求量少，这就需要企业必须在管理、供应、生产和配送各个环节上，适应这种小批量、多样式、多规格、多品种的生产和销售发化。

2. 定制定价策略

定制定价策略是在企业能实行定制生产的基础上，利用网络技术和辅助设计软件，帮助顾客选择配置或者自行设计能满足自己需求的个性化产品，同时承担自己愿意付出的价格成本。如戴尔公司的用户可以通过其官方网站了解产品的基本配置和基本功能，并根据自身实际需要，在能承担的价格范围内，配置出满足用户个性化需求的产品。通过上述例子，可看出用户在配置电脑的同时也相应地选择了价格较为合适的产品，因此对产品价格有比较透明的认识，增加企业在顾客面前的信用。目前这种允许消费者定制的尝试还只是初步阶段，消费者只能在有限的范围内进行挑选，还不能完全要求企业满足自己所有的个性化需求。

3. 使用定价策略

在传统营销过程中，产品买卖是完全产权式的，顾客购买产品后即拥有产品的完全产权。但随着经济的发展，人民生活水平的提高，人们对产品的需求越来越多，产品的更换频率也越来越快，许多产品购买后的使用频率相当低。为改变这种情况，可以在网上采用按使用次数定价的方式，即使用定价策略。

所谓使用定价，就是顾客通过互联网注册后可以直接使用某公司的产品，顾客只需要根据使用次数进行付费，而不需要将产品完全购买。这种策略减少了企业为完全出售产品而进行的不必要的大量生产和包装浪费，同时还可以吸引那些对产品的价位有顾虑的顾客使用产品，扩大市场份额。顾客每次只是根据使用次数付款，节省了购买产品、安装产品、处置产品的麻烦，还可以节省不必要的开销。例如瑞星科技股份有限公司目前已推出基于多种操作系统的瑞星杀毒软件单机版、网络版、防毒墙、防火墙、入侵检测、数据保护、漏洞扫描和VPN（虚拟专用网络）等系列产品，并将其放置到网站，用户通过互联网注册使用，按使用次数付费，同时部分软件可免费下载使用，为用户提供安全保障的同时，使用户操作更加方便快捷。

并不是所有的产品都可以采用按使用次数定价的策略，一般要考虑产品是否适合通过互联网传输，是否可以实现远程调用。目前，比较适合的产品有软件、音乐、电影等产品。对于软件产品，如我国的用友软件公司推出网络财务软件，用户在网上注册后即可在网上直接处理账务，而无须购买软件和担心软件的升级、维护等问题；对于音乐产品，用户可以通过网上下载或使用专用软件点播，在线收听；对于电影产品，则可以通过现在的视频点播系统（VOD）来实现远程点播，无须购买碟片。另外，采用按次数定价对互联网的带宽提出了很高的要求，因为许多信息都要通过互联网进行传输，如互联网带宽不够将影响数据传输，这势必会影响顾客的租赁使用和观看。

4. 拍卖竞价策略

传统营销中也使用过拍卖竞价策略，但由于所处的地理环境及顾客的范围，使之有一定的局限性。网上拍卖是目前发展较快的领域，经济学认为市场要想形成最合理价格，拍卖竞价是最合理的方式。网上拍卖由顾客通过互联网轮流公开竞价，在规定时间内价高者得。目前国外比较有名的拍卖网站为易贝（eBay），它允许商品公开在网上拍卖，拍卖竞价者只需要在网上登记即可，拍卖方只需将拍卖品的相关信息提交给易贝公司，经公司审查合格后即可上网拍卖。

根据供需关系，网上拍卖竞价方式有下面几种。

（1）竞价拍卖

其中最多的是顾客与顾客（C to C）的交易，包括二手货（如汽车）、收藏品（如古文物），也可以是普通商品以拍卖方式进行出售。如，一些企业可以将企业的积压产品在网上进行拍卖。

（2）竞价拍买

是竞价拍卖的反向过程，消费者提出一个价格范围，求购某一商品或某一项服务。由商家出价，出价可以是公开的也可以是隐蔽的，消费者将与出价最低或最接近的商家成交。例如：现在农业种植的种子可以在网上求购，也可以在网络上寻求某些知识的远程教育。

（3）集体议价

在传统营销过程中，这一种方式在国外主要是多个购买者联合购买同一类商品而形成一定购买规律，以获得优惠售价的交易方式。零售商多，价位就会偏低，反之，则价位偏高。互联网出现后，普通的消费者也能使用这种方式购买商品。集合竞价模式，是一种由消费者集体议价的交易方式。这在目前的国内网络竞价市场中，还是一种全新的交易方式。

通过本课题，我们可以了解作为一个企业如何使用网络营销定价策略以及使用何种定价策略。上面几种价格策略是企业在利用网络营销拓展市场时可以考虑的几种比较有效的策略，并不是所有的产品和服务都可以采用上述定价方法，企业应根据产品的特性和网上市场发展的状况来决定采取何种定价策略。不管采用何种策略，企业的定价策略应与其他策略配合，以保证企业总体营销策略的实施。

课题三　如何应用网络营销渠道策略

要想正确把握网络营销渠道策略，我们可以从以下几个方面分析：

- 网络营销渠道与传统营销渠道的比较
- 网络营销渠道的功能
- 网络营销渠道的分类
- 网络营销渠道策略

以下分别讲解这些内容的操作要点和方法。

戴尔 New Roman（新罗马）工作站在中国市场的出货量和销售额连续几年保持市场份额排名前几名。

戴尔公司的成功很大程度上得益于其直销模式。

戴尔公司直销模式的精华在于“按需定制”，在明确客户需求后迅速作出回应，并向客户直接发货。由于消除中间商环节，减少不必要的成本和时间，使得戴尔公司能够有更多精力来满足客户需要。

戴尔直销模式的秘密在于其按照客户需求，制造客户心目中的理想产品并以直接销售的方式及售后服务与客户建立更密切、更直接、更长期的互动关系。正是在“按订单生产”的模式下，戴尔建立了良好、有效的“零库存”机制。

在国内，直销方式也越来越受欢迎，戴尔公司为用户提供电话订购一对一咨询服务，帮助用户选择最合适的机型，并为用户设立详细档案，价格完全公开化，用户可通过网站或免费电话服务下单购买，产品直接出厂，质量能够得到保证。戴尔公司的“客户中心”拥有精通多种语言的技术支持工程师，通过电话解决客户技术问题的成功率达 75% 以上，为直销的快捷与便利提供了有力的保障。每个客户都可以根据自己实际需要的规格和配置订购产品，公司在接到订单后，会按需配置，生产出客户心中理想的计算机，随后产品直接出厂。这样销售不仅价格低而且质量也能够得到完全保证。下面让我们了解一下网络营销渠道的相关知识。

网络营销渠道就是商品和服务通过网络从生产者向消费者转移过程的具体通道或路径，完善的网上营销渠道应该有订货、结算和配送三大功能。传统的营销渠道与网络营销渠道相比，在作用、结构和费用等方面有所不同，网络营销渠道的作用是多方面的。

一、网络营销渠道与传统营销渠道的比较

在传统营销渠道中，中间商是其重要的组成部分。中间商之所以在营销渠道中占有重要地位，是因为其能够在产品推广和进入目标市场方面发挥较高的效率。中间商

凭借其业务往来关系、经验、专业化和规模经营，提供给公司的利润通常高于自营商店所能获取的利润。但互联网的发展和商业应用，使得中间商凭借地缘因素获取的优势被互联网的虚拟性所取代，同时互联网高效的信息交换，改变了过去传统营销渠道的诸多环节，将错综复杂的关系简化为单一关系。互联网的发展改变了营销渠道的结构。

利用互联网的信息交互特点，网上营销市场得到大力发展。因此，网络营销渠道可以分为两大类：一类是通过互联网实现的从生产者到消费（使用）者的网络直接营销渠道（简称网上直销），这时传统中间商的职能发生了改变，由过去环节的中坚力量变成为直销渠道提供服务的中介机构，如提供货物运输配送服务的专业配送公司，提供货款网上结算服务的网上银行，以及提供产品信息发布和网站建设的ISP和电子商务服务商。网上直销渠道的建立，使得生产者和最终消费者直接连接。另一类是通过融入互联网技术后的中间商机构提供网络间接营销渠道。传统中间商由于融合了互联网技术，大大提高了中间商的交易效率、专门化程度和规模经济效益。同时，新兴的中间商也对传统中间商产生了冲击，包括阿玛尼集团和华伦天奴集团在内的这些一贯排斥互联网技术的意大利时装公司，也正在试验网络销售模式，寻求新的营销渠道。

二、网络营销渠道的功能

（一）订货功能

企业提供网上订货功能时，要根据企业的产品特性和企业的生产能力，最大限度地满足客户的需求。一般可以分为三个阶段，第一个阶段是企业将自己已经生产出的产品在网上展示，允许客户随时随量进行订购，这只要求企业生产能力比较充足即可。第二个阶段是企业不但展示已经生产的产品，还允许顾客对产品的某些配置和功能进行调整，以满足客户对产品的个性化需求，这就要求企业的内部系统必须是标准化的和柔性化的。比如戴尔公司在自己网站上就允许客户根据自己的实际需要来选择电脑的个性化配置，让电脑更适合消费者需求。第三个阶段就是允许客户提出需求，在企业设计系统引导下，客户设计出满足自身需求的产品，这要求企业的内部系统必须高度柔性化和智能化。比如通用汽车公司在其网站上就可以让消费者按自己的喜好来设计汽车的颜色、内饰等。

（二）结算功能

消费者在购买产品后，可以有多种方式进行付款，因此厂家（商家）应有多种结算方式。目前国外流行的几种方式有信用卡、电子货币、网上划款等。而国内付款结算方式主要有邮局汇款、货到付款、信用卡、网上支付等。其中网上支付中的支付宝平台深受消费者的欢迎，这种结算方式要求买方先把货款打到指定的账户上，待其收到货物，经检验没有质量问题后，再通知网络支付中心将账户上的钱划到卖方的账号上。

这样可以避免买方花了钱、买不到货物或货物不合格的风险；而对于卖方来讲可以避免发货后收不到货款的风险。

（三）配送功能

一般来说，产品分为有形产品和无形产品，对于无形产品如服务、软件、音乐等产品可以直接通过网络进行配送，对于有形产品的配送，涉及运输和仓储问题。国外已经形成了专业的配送公司，如著名的美国联邦快递公司的业务覆盖全球，实现全球快速的专递服务，从事网上直销的戴尔公司将美国货物的配送业务交给联邦快递公司来完成，它们之间通过网络实现配送信息的同步，当戴尔公司有订单，需要配送服务时，该订单同时送达联邦快递公司，由联邦快递公司根据订单需要从生产地直接送到顾客手中。因此，专业配送公司的存在是国外网上商店发展较为迅速的原因之一。

（四）企业内部的柔性化生产及后勤系统的配套功能

一旦实现网上直销，企业就可以直接与客户面对面地接触，这就要求企业能根据消费者要求生产出满足客户需求的产品。因此，企业内部的生产系统和后勤系统必须与消费者的需求同步。要真正实现及时满足消费者需求，做到与市场同步，就要求企业的生产系统必须是柔性化的，即根据订单进行生产；同时企业的后勤系统也必须紧密配合柔性化生产过程中的原料需求和人员配备需求。

三、网络营销渠道的分类

（一）网上直销

网上直销与传统直接分销渠道一样，都没有营销中间商。网上直销渠道同样要具备订货功能、支付功能和配送功能。网上直销与传统直接分销渠道不一样的是，生产企业可以通过建设网络营销站点，让消费者直接从网站进行订货。通过与一些电子商务服务机构如网上银行合作，可以通过网站直接提供支付结算功能，简化了过去资金流转的问题。对于配送方面，网上直销渠道可以利用互联网技术来构造有效的物流系统，也可以通过互联网与一些专业物流公司进行合作，建立有效的物流体系。

通过以上分析我们可以概括出网上直销的特点：一是网上直销促成产需直接见面。企业可以直接从市场上收集到真实的第一手资料，合理地安排生产。二是网上直销对买卖双方都有直接的经济利益。由于网络营销大大降低了企业的营销成本，企业能够以较低的价格销售自己的产品，消费者也能够买到低于市场价格的产品。三是营销人员可以利用网络工具，如电子邮件，随时根据消费者的愿望和需要，开展各种形式的促销活动，迅速扩大产品的市场占有率。四是企业能够通过网络及时了解消费者对产品的意见和建议，并针对这些意见和建议提供技术服务，解决疑难问题，提高产品质量，改善经营管理。

（二）网上间接销售

由于网络的信息资源丰富、信息处理速度快，所以基于网络开展的服务可以用于搜索产品，但在产品（信息、软件产品除外）实体分销方面却难以胜任。目前出现许多基于网络的提供信息服务中介功能的新型中间商，可称为电子中间商。

1. 电子中间商

从整个社会角度来看，电子中间商凭借自己的各种联系、经验、专业知识、活动规模以及掌握的大量信息，在把商品由生产者推向消费者方面比生产企业自己推销关系更简化，也更加经济。

2. 选择电子中间商的原则

在互联网飞速发展的今天，每天都在产生新的中介服务商，这些中介服务商的功能作用、服务特色、服务质量差别非常大，作为一个企业，要想使自己的网络营销取得成功，必须正确选择电子中间商，在筛选时要考虑以下几个因素。

（1）功能

它是指电子中间商所能够提供的服务功能。一般要求电子中间商能够提供多种复合功能。能够担当网络间接销售渠道的电子中间商应当具备信息收集功能、网络促销功能、网络谈判功能、网络订货功能、网络融资功能及承担风险功能等。

（2）成本

它是指在使用网络中介服务时所发生的费用。这种费用可分为两类：一类是在电子中间商建立主页时的费用；另一类是维持正常运行时的成本。在这两类成本中，维持成本是主要的、经常的，成本的大小与所选择的电子中间商有关。因为不同的电子中间商对成本的支出有较大的差别。

（3）信用

它是指电子中间商的诚信度，这一点往往会被企业忽略。因为目前我国还没有权威性的认证机构对这些电子中间商进行认证，所以选择电子中间商应注意他们的信用。

（4）覆盖

它是指网络站点宣传所能够波及的地区和人数。对于企业来讲站点覆盖面并非越广越好，还要看其覆盖面是否合理、有效，能否最终给企业带来经济效益。

（5）特色

不同的站点，往往有着不同的特色。每一个站点受自身的财力及文化素质的影响，在网页设计过程中有着自己鲜明的特色，有着不同的顾客访问群。企业应当考虑以上因素，根据目标消费者的特点来选择不同的电子中间商。

（6）持续性

一个企业要想使自己的网络营销持续稳定地发展，就必须选择具有持续性的网络站点，在顾客中建立品牌信誉和服务信誉。因此，企业需要与电子中间商维持良好关系，防止中介商把其他的企业的产品放在经营的主要位置。

四、网络营销渠道策略

由于网上销售对象不同，因此网上销售渠道有很大区别。一般来说网上销售主要有两种方式，一种方式是B—B，即企业对企业的模式，这种模式每次交易量很大、交易次数较少，并且购买方比较集中，因此网上销售渠道的建设关键是建设好订货系统，一方面，方便购买企业进行选择；另一方面，由于量大次数少，因此配送时可以进行专门运送，既可以保证速度也可以保证质量，减少中间环节造成损失。另一种方式是B—C，即企业对消费者模式，这种模式每次的交易量小、交易次数多，而且购买者非常分散，因此网上渠道建设的关键是结算系统和配送系统，这也是目前网上购物必须面对的门槛。由于国内的消费者信用机制还没有建立起来，加之缺少专业配送系统，因此开展网络营销，特别是面对大众购物时必须解决好这两个环节的问题才有可能获得成功。

在选择网络销售渠道时还要注意产品的特性，有些产品易于数字化，可以直接通过互联网传输；而大多数有形产品，仍必须依靠传统配送渠道来实现货物的空间移动，对于部分产品，可以通过对互联网进行改造以最大限度提高其渠道的效率，减少渠道运营中的人为失误和时间耽误造成的损失。

在具体选用网络营销渠道时，要考虑以下几个方面。

首先，从消费者角度选用渠道。只有采用消费者比较放心，容易接受的方式才有可能吸引消费者使用网上购物，以克服网上购物“虚”的感觉。如在我国，目前多采用货到付款方式。

其次，使用的订货系统要简单明了，不要让消费者填写太多信息，而应该采用现在流行的“购物车”方式模拟超市，让消费者一边比较商品，一边选购。在购物结束后，一次性进行结算。另外，订货系统还应该提供商品搜索和分类查找功能，以便于消费者在最短时间内找到需要的商品，同时还应对消费者提供一定的商品信息，如性能、外形、品牌等。

再次，在选用结算方式时，应考虑目前实际状况，尽量提供多种方式方便消费者选择，同时还要考虑网上结算的安全性，对于不安全的直接结算方式，应换成间接的安全支付方式，如8848网站将其信用卡号和账号公开，消费者可以自己通过信用卡终端自行转账，避免了网上输入账号和密码丢失的风险。

最后，关键是建立完善的配送系统。消费者只有看到购买的商品到家后，才真正感到踏实，因此建设快速有效的配送服务系统是非常重要的。在现阶段我国配送体系还不十分成熟，在进行网上销售时要考虑该产品是否适合目前的配送体系，正因如此，目前网上销售的商品大多是价值较低的、不易损坏的商品，如图书、小件电子类产品等。

课题四　如何应用网络营销策略

要想正确把握网络营销策略，我们可以从以下几个方面分析：

- 网络营销定义
- 网络营销与传统营销的比较
- 网络营销的形式
- 网络营销策略
- 网络营销实施

以下分别讲解这些内容的操作要点和方法。

一、网络营销定义

随着电脑的普及和网上购物的流行，网上商城越来越多，而且随着电子商务的不断发展，网上商城的盈利也越来越多。在这个大背景下，网络营销得到了更多的关注。

1. **搜索引擎营销——最常用的网络推广方式**

在百度、Google（谷歌）、雅虎等网站上做免费宣传，扩大网站的知名度。方式分为搜索引擎竞价广告和 SEO。SEO 指遵循搜索引擎的搜索原理，对网站结构、网页文字语言和站点间互动外交策略等进行合理规划部署，以改善网站在搜索引擎的搜索表现，进而增加客户发现并访问网站的可能性的这样一个过程。搜索引擎优化也是一种科学的发展观和方法论，它随着搜索引擎的发展而发展，同时也促进了搜索引擎的发展。比如通过 SEO 使其在搜索引擎中具有较强的排名竞争优势，从而对促进企业在线销售和强化网络品牌起到作用。

2. **行业网站投放广告**

以服装行业为例，在搜索引擎推广的同时在专业的服饰资讯类网站投放网络广告。比如在外贸服装论坛、我爱装扮网以及各种服装品牌资讯站等服装购买人群集中的网站上做宣传，吸引感兴趣的买家。

3. **网络媒体合作**

媒体间合作是具有一定互补优势的网站之间的资源共享与合作宣传。与一些网上知名的服饰类网站合作，将自己的服装订单展示在网站上，使得消费者可以从合作网站中发现自己的产品，促成销售。

4. **第三方网络平台广告投放**

通过第三方网络平台推广，可以节省人力、物力、财力，效果更明显。

一是新闻营销——推广商城知名度，提升消费者信任度；二是窄告网投放广告——网络定向广告。通过分析网页内容、辨别客户所在地，按企业要求设置，将广告有针对地投放到四千多家网站的目标客户面前。利用此模式可有效地节约广告成本，提高广告宣传效率。

5. **利用网络工具宣传——辅助宣传工具**

一是新闻邮件组宣传。可以在网上商城站点增添邮件列表功能，每一个访问商城的、对商城提供的信息感兴趣的用户，在加入该邮件列表后，都可以收到商城定期或不定期发送的商城的促销信息。二是博客、论坛、QQ 宣传。利用博客、论坛及 QQ 聊天工具进行宣传，在上面发布适当的商品信息或顾客购买后的感受，主题要有吸引力，用口碑营销的方式引导用户访问网站。三是网站用户体验优化。网站启用流量统计分析系统，对网站流量进行分析，科学地把握用户的需求。优化调整网站栏目，尽可能满足访问者的访问需求，这样能最大限度地提高访问者的回头率，实现宣传效果的务实化，进入宣传推广的良性循环。四是网站 CI（组织识别）宣传。网站采用统一 CI 形象，网页设计、网站标志及日常用品采用统一的 CI 设计，不仅可以使品牌形象得到统一，而且品牌形象将像流动的广告一样流向社会。

通过上文叙述，我们了解网络营销的方法，有的是为了提高企业网站知名度，有的是为了宣传企业形象，有的是为了提高企业产品知名度和美誉度。这些网络营销手段的运用，大大提高了企业经营效益。为此我们再进一步研究其相关的知识如下。

网络营销是指利用现代化的网络技术向虚拟市场传递有关产品和服务的信息，以启发需求，引起消费者的购买欲望和购买行为的各种活动。网络营销突出地表现为以下三个明显的特点。

第一，网络营销通过网络技术传递产品和服务的存在、性能、功效及特征等信息。它是建立在现代计算机与通信技术基础之上的，并且随着计算机和网络技术的不断改进而改进。

第二，网络营销是在虚拟市场上进行的。这个虚拟市场就是互联网。互联网是一个连接世界各国的媒体，它在虚拟的网络社会中聚集了大量的人口，融合了多种文化。

第三，互联网虚拟市场的出现，将所有的企业，不论是大企业还是中小企业，都推向了世界这个统一的市场。传统的区域性市场的小圈子一步步被打破。

二、网络营销与传统营销的比较

虽然传统的营销和网络营销都是让消费者认识产品，引起消费者的注意和兴趣，激发他们的购买欲望，并最终实现购买行为，但由于互联网强大的通信能力和覆盖面积，网络营销在时间和空间观念，在信息沟通方式等方面都与传统的营销活动有较大的区别。

1. **时空观念的变化**

以产品流通为例，传统的产品销售和消费者群体都有一个地理半径的限制，网络营销大大地突破了这个原有的半径，使产品销售成为全球范围的竞争；传统的产品订货都有一个时间的限制，而在网络上，订货和购买可以在任何时间进行。这就是现代最新的电子时空观。时间和空间观念的变化要求企业随之调整自己的营销策略和具体实施方案。

2. 信息沟通方式的变化

多媒体信息处理技术提供了近似于现实交易过程中的产品表现形式；双向的、快捷的、互不见面的信息传播模式，将买卖双方的意愿表达清楚，也留给对方充分思考的时间。

3. 消费群体和消费行为的变化

在网络环境下，消费者的概念和客户的消费行为都发生了很大的变化。网络购物者是一个特殊的消费群体，具有不同于消费大众的消费需求。这些消费者直接参与生产和商业流通的循环，他们普遍大范围地选择和理性地购买。这些变化对传统的营销理论和模式产生了重要的影响。

4. 对网络营销的新理解

网络营销虽然与传统营销在营销观念和手段上有较大差别，但由于它们推销产品的目的是相同的，因此，整个营销过程的设计也有很多相似之处。所以，对于网络营销的理解，一方面应当站在全新的角度去认识这一新型的营销方式，理解这种依赖现代网络技术、与顾客不见面、完全通过电子邮件交流思想和意愿的产品推销形式；另一方面则应当通过与传统营销的比较去体会两者之间的差别，吸收传统营销方式的整体设计思想和行之有效的营销技巧，打开网络营销的新局面。

三、网络营销的形式

传统营销的营销形式主要有四种：广告、公关、营业推广和人员推销。网络营销是在网上市场开展的促销活动，相应形式也有四种，分别是网络广告、销售促进、站点推广和网上公关。其中，网络广告和站点推广是网络营销的主要形式。

1. 网络广告

根据形式不同可以分为旗帜广告、电子邮件广告、电子杂志广告、新闻组广告、公告栏广告等。

2. 销售促进

销售促进是企业利用可以直接销售的网络营销站点，采用一些销售促进方法如有奖促销、拍卖促销等方式，宣传和推广产品的方法。销售促进主要是用来进行短期性的刺激销售。互联网作为新兴的市场，网上的交易额不断上涨。网上销售促进就是在网上市场利用销售促进工具刺激顾客对产品的购买和使用。一般来说，网上销售促进主要有下面几种形式。

（1）有奖营销

在进行有奖营销时，提供的奖品要能吸引营销目标消费者的注意。同时，要充分利用互联网的交互功能，充分掌握参与营销活动群体的特征和消费习惯以及对产品的评价。

（2）拍卖营销

网上拍卖市场是新兴的市场，由于快捷方便，吸引大量用户参与网上拍卖活动。

我国许多电子商务公司也提供拍卖服务。拍卖营销就是将产品不限制价格在网上拍卖，如 Compaq（惠普）公司与网易合作，通过网上拍卖电脑，获得很好的收效。

（3）免费资源营销

免费资源营销的主要目的是推广网站。所谓免费资源营销就是通过为访问者无偿提供其感兴趣的各类资源，吸引访问者访问，提高站点流量，并从中获取收益。目前利用提供免费资源获取收益比较成功的站点很多，有提供某一类信息服务的，如提供搜索引擎服务的雅虎和中国的搜狐。

利用免费资源营销要注意的问题：首先要考虑提供免费资源的目的是什么，有的是为形成媒体作用，有的是为扩大访问量形成品牌效应；其次要考虑提供什么样的免费资源，目前网上免费资源非常丰富，只有提供有特色的服务才可能成功，否则就可能成为追随者；最后要考虑企业的收益是否在允许的范围之内，企业可以通过访问者访问从广告获取收益、扩大品牌知名度、增加电子商务收入。当然利益有短期和长期的，有现金和无形的，这都是需要综合考虑的，毕竟免费资源对站点来说不是免费的。

3. 站点推广

站点推广利用网络营销策略扩大站点的知名度，吸引网上流量访问网站，起到宣传和推广企业及企业产品的效果。站点推广主要有两类方法，一类是通过改进网站内容和服务，吸引用户访问，起到推广效果；另一类是通过网络广告宣传推广站点。前一类方法，费用较低，而且容易稳定顾客访问，但推广速度比较慢；后一类方法，可以在短时间内扩大站点知名度，但费用较高。

4. 网上公关

网上公关，即网络公共关系，是通过借助互联网的交互功能吸引消费者与企业保持密切关系，培养消费者的忠诚度。公共关系是一种重要的促销工具，它通过与企业利益相关者包括供应商、顾客、雇员、股东、社会团体等建立良好的合作关系，为企业的经营管理营造良好的环境。网络公共关系与传统公共关系功能类似，只不过是借助互联网作为媒体和沟通渠道。网络公共关系较传统公共关系更具优势，所以网络公共关系越来越被企业一些决策层重视和利用。一般说来，网络公共关系有以下目标：①与网上新闻媒体建立良好合作关系。②通过互联网宣传和推广产品。③通过互联网建立良好的沟通渠道，包括对内沟通和对外沟通。

四、网络营销策略

1. 网上折价式营销

折价是目前网上最常用的一种促销方式。但是目前消费者在网上购物的热情低于商场超市等传统购物场所，所以网上商品的价格一般要比传统方式销售低。由于网上销售商品不能给人全面、直观的印象，也不能试用、触摸等，再加上配送成本和付款方式的复杂性，造成消费者网上购物和订货的积极性下降。而幅度比较大的折扣可以促使消费者进行网上购物的尝试并做出购买决定。

2. **网上赠品式营销**

这种营销方法目前应用范围不广，一般情况下，在新商品推出试用、商品更新、对抗竞争品牌、开辟新市场情况下，利用赠品营销可以达到比较好的营销效果。但这需要注意赠品的选择：一是不要选择次品、劣质品作为赠品。这样做只会适得其反。二是明确营销目的。选择适当的能够吸引消费者的商品或服务。三是注意时间和时机。注意赠品的时间性，如冬季不能赠送只在夏季才能用的物品；另外在危急公关等情况下也可考虑开展不计成本的赠品活动以挽回公关危机。四是注意预算和市场需求。赠品要在企业能接受的预算内，不可过度赠送赠品而造成营销困境。

3. **网上抽奖式营销**

此类营销法是网上应用较广泛的营销形式之一，是大部分网站乐于采用的营销方式。它是以一人或数人获得超出参加活动成本的奖品为手段进行商品或服务的营销，网上抽奖活动主要附加于调查、商品销售、扩大用户群、庆典、推广某项活动等。消费者或访问者通过填写问卷、注册、购买商品或参加网上活动等方式获得抽奖机会。网上抽奖式营销要注意以下几点：一是奖品要有诱惑力。可考虑大额超值的商品吸引消费者参加。二是活动参与方式要简单化。目前上网费偏高，网络速度不够快以及浏览者兴趣不同等原因，要求网上抽奖活动要策划得有趣味性和容易参加。太过复杂和难度太大的活动较难吸引消费者。三是抽奖结果的公正公平性。由于网络的虚拟性和参加者的广泛地域性，要求对抽奖结果的真实性要有一定的保证，应该及时请公证人员进行全程公证，并及时通过 E-mail 公告等形式向参加者通告活动进度和结果。

4. **积分式营销**

网上积分活动很容易通过编程和数据库来实现，并且结果可信度很高，操作起来相对较为简便。积分促销一般设置价值较高的奖品，消费者通过多次购买或多次参加某项活动来增加积分以获得奖品。

此类促销方法可以增加消费者访问网站和参加某项活动的次数，可以增加消费者对网站的忠诚度，提高活动的知名度。

5. **网上联合式营销**

由不同商家联合进行的营销活动称为联合营销。联合营销的商品或服务可以产生一定的优势互补、互相提升自身价值等效应。假如企业能够应用得当，联合营销可起到较好的促销效果，如网络公司要和传统商务联合，以提供在网络上无法实现的服务。

这些营销手段都是网上营销活动中比较常见又较重要的方式，其他如节假日营销、事件营销等都可与以上几种营销方式进行综合应用。要使营销活动达到良好的效果，企业就必须事先进行市场分析、竞争对手分析以及网络上活动实施的可行性分析，与整体营销计划结合，有创意地组织实施营销活动，使营销活动新奇、富有销售力和影响力，从而使企业的销售迈向一个新的台阶。

扫一扫，查看“网易考拉海购‘8·16洋货节’案例”。

五、网络营销实施

对于企业来说，如何实施网络营销是一个新问题，每一个营销人员都必须摆正自己的位置，深入了解产品信息在网络上传播的特点，分析网络信息的接收对象，设定合理的网络营销目标，通过科学实施程序，打开网络营销的新局面。

根据国内外网络营销的大量实践，网络营销的实施程序可以由以下六个方面组成。

1. 确定网络营销对象

网络营销对象是针对可能在网络虚拟市场上产生购买行为的消费者群体提出来的。随着网络的普及，这一群体数量也在不断增加。这一群体主要包括两部分人员：一是产品的使用者，这里指实际使用或在网上消费产品的人。实际的需求构成了这些消费者购买的直接动因。抓住这一部分消费者，网络销售就有了稳定的市场。二是产品购买的决策者，这是指实际决定购买产品的人。在许多情况下，产品的使用者和购买决策者是一致的，特别是在虚拟市场上更是如此。因为大部分上网人员都有独立的决策能力，也有一定的经济收入。但在另一些情况下，产品的购买决策者和使用者是分离的。比如婴儿奶粉的使用者是婴儿，而其购买决策者往往是婴儿的父母或其他有关的成年人。所以，网络营销应当把购买决策者放在重要位置上。

2. 设计网络营销内容

网络的最终目标是促使消费者做出购买行为。这个最终目标要通过设计具体的信息内容来实现。消费者的购买过程是一个复杂的、多阶段的过程，营销内容应当根据消费者目前所处的购买决策过程的不同阶段和产品所处的寿命周期的不同阶段来决定。在产品的成长期，应侧重于网络广告营销，宣传产品的新性能、新特点；在产品的成熟期，则应加强企业站点的建设，树立企业形象，巩固已有市场。比如年轻人容易产生冲动性购买，对于适合年轻人消费的新产品在投入期和成长期应该把网络广告的宣传对象锁定在年轻人这一目标上。

3. 决定网络营销组合方式

网络营销活动主要通过网络广告营销和网络站点营销两种营销方法展开。但由于企业的产品种类不同，销售对象不同，营销方法与产品种类和销售对象之间将会产生多种网络营销的组合方式。企业应当根据网络广告营销和网络站点营销两种方法各自的特点和优势，根据自己产品的市场情况和消费者的情况，扬长避短，合理组合，以达到最佳的营销效果。

网络广告营销主要实施“推战略”，其主要功能是将企业的产品推向市场，获得广大消费者的认可。网络站点营销主要实施“拉战略”，其主要功能是将顾客牢牢地吸引过来，保持稳定的市场份额。一般来说，日用消费品，如化妆品、食品饮料、医药制品、家用电器等网络广告营销的效果比较好，而大型机械产品、专用品则采用站点营销的方式比较有效。

4. 制订网络营销预算方案

在网络营销实施过程中，最困难的是预算方案的制订。在互联网上营销，是一个新问题。所有的价格、条件都需要在实践中不断学习、比较和体会，不断地总结经验。只有这样，才可能用有限的精力和有限的资金收到较好的效果，做到事半功倍。

首先，必须明确网上营销的方法及组合的办法。企业应当认真比较投放站点的服务质量和服务价格，从中筛选适合本企业的、质量与价格匹配的信息服务站点。

其次，需要确定网络营销的目标。是树立企业形象，是宣传产品还是宣传售后服务？围绕这些目标再来策划投放内容，包括文案的数量、配图的多少、色彩的复杂程度、投放时间的长短及频率和密度、广告宣传的位置和内容更换的时间间隔及效果检测的方法等。

最后，需要明确目标群体。因为在服务对象上，各个站点有较大的区别，有的站点侧重于中青年，有的站点侧重于学术界，有的站点侧重于商品消费者。一般来讲，侧重于学术交流的站点的服务费用较低，专门从事商品推销的站点的服务费用较高，而某些综合性的站点收费较前两类更高。在宣传范围上只使用中文的费用较低，使用中英文的费用较高。

5. 衡量网络营销效果

网络营销的实施过程到了这一阶段，必须对已经执行的营销内容进行评价，衡量一下营销的实际效果是否达到了预期的营销目标。对营销效果的评价主要从两个方面来进行。一是充分利用互联网上的统计软件，及时对营销活动的效果做出统计。常见的指标有主页访问人次、点击次数、千人广告成本等。二是通过调查市场占有率的变化情况、产品销售量的增加情况、利润变化情况、营销成本的降低情况等来判断营销的决策是否正确。

6. 加强网络营销过程的综合管理

网络营销是一项崭新的方式，要在这个领域取得成功，科学的管理起着重要的作用。企业要对偏离预期营销目标的活动进行调整。同时，在营销实施过程，要不断地进行信息沟通，保证企业营销的连续性和统一性。

扫一扫，查看“卓越、易趣网发展历史”。

任务总结

网络营销策略是企业对其内部与实现营销目标市场有关的各种可控因素的组合与运用。影响企业网络营销目标实现的因素是多方面的。但影响网络营销的基本因素有四个，即产品策略、价格策略、渠道策略和分销策略。网络营销与传统营销一样，在虚拟的网络市场上，营销者必须以各种产品，包括有形产品和无形产品，来实现企业的营销目标；价格的合理与否会直接影响产品或服务的销路，它是竞争的主要手段，关系到企业营销目标的实现。在进行网络营销时，企业应特别重视价格策略的运用，以巩固企业在市场中的地位，增强企业的竞争力；在网络营销活动中，同时也有一个怎样实现商品由推销方向购买方转移的问题，企业必须通过一定的渠道策略来实现网络营销目标；企业在网上从事营销活动同样需要通过一定的营销活动来刺激消费者的购买欲望，促进产品销售，来实现营销目标。

EQ驿站

抢占先机

商人带两袋大蒜到某地，当地人没见过大蒜，极为喜爱，于是赠商人两袋金子。另一个商人听说，便带两袋大葱去，当地人觉得大葱更美味，金子不足以表达感情，于是把两袋大蒜给了他。虽是故事，但生活往往如此，得先机者得金子，善于走自己的路，才可能走别人走不了的路。

检测练习

扫一扫，查看任务三的课后习题。

任务四　网络营销受众分析

任务提出

2017 年 6 月，小张大学毕业。8 月，她开了一个以经营化妆品、香水、各式精致小提包为主的网上店铺，走上了创业之路。截至 2018 年 3 月，她的网店已经成为同类网店中的佼佼者，并且由于经营得当而颇受网友好评，不到一年的时间，小张的网上小店月平均销售额已达 30000 多元。

小张的业绩与其正确的营销思路是分不开的。开店前，她做了大量的市场调查，进行了细致的受众分析，得出可以开店的结论。假如你也想跟小张一样，开一个网店，你打算如何进行网络营销受众分析？

任务分析

网络营销受众分析，就是针对网络营销商品或服务进行的需求分析。网络营销受众分析实际上就是市场细分的过程，其目的是确定企业的目标市场。

对于网络营销来说，所有使用互联网的用户都应当是需要了解的对象。我们必须全面了解和分析网络营销受众的基本情况。因此，本次任务涉及如下内容。

1. 互联网用户总体规模如何？互联网用户有哪些特征

在进行网络营销受众分析之前，了解互联网用户总体规模，可以让我们放眼于整个网络大市场。在此基础之上，进一步了解互联网用户的基本特征，有助于我们进行市场细分，确定目标市场。

2. 互联网用户的性别、年龄、婚姻状况如何

了解互联网用户的性别、年龄及其婚姻状况，就是从性别、年龄及其婚姻状况这三个方面细分市场，找出适合本企业商品或服务的消费群体。

3. 互联网用户的职业和受教育程度如何

互联网用户的受教育程度越高，在了解和掌握互联网知识方面的困难就越低，也就越容易接受网络购物的观念和方式，越是受过良好的教育，网络购物的频率也就越高。另外，互联网用户的收入越高，在网上购买商品的次数也就越多。

4. 互联网用户的上网方式是怎样的

互联网用户的上网方式也是影响网络消费的重要因素。上网方式主要是指上网的场合、上网的时间、上网的设备（台式电脑、手提电脑和带宽等设备）。多数互联网用户认为，在网吧上网购物存在安全隐患。在办公室上网可能会受到领导的监督或者同事的干扰，在家上网相对比较安全。上网的时间充足与否也会影响网络消费，比如网上聊天、玩网络游戏都需要一定的时间。此外，网络的速度也会影响网络消费。网速太慢会影响网络消费的质量，比如，在线观看网络电视，需要很流畅的播放质量，这就要求具备高质量的网络设备。

5. 互联网用户的互联网操作水平如何

互联网用户对互联网的熟悉程度或操作互联网的熟练程度同样也会影响其网络消费。当消费者刚刚接触网络时，对互联网的认识处于比较低的水平，操作应用也并不熟练，这时的消费者对互联网充满兴趣和好奇，其行为主要是通过实验和学习力求掌握更多的互联网知识，但由于对互联网还存在比较高的恐惧心理，因此网络消费行为发生的比例较低。随着消费者上网时间的增加，对互联网越来越熟悉，操作应用也会越来越熟练，消费者对互联网的恐惧心理会逐渐消除，这时的消费者把互联网看作一种日常事物，并开始进行网络消费活动。

6. 互联网用户的收入与支出情况如何

了解互联网用户的收入与支出情况，有助于分析其实现消费行为的实际支付能力。收入决定支出，收入的多少、支出的结构都应当是企业需要了解的情况。

7. 互联网用户的兴趣和爱好有哪些

了解互联网用户的兴趣和爱好，就是分析其获取信息或实现消费时，乐于选择或接受的互联网领域。了解互联网用户感兴趣的网站，可以分析找出其喜爱的最佳网站及集中的领域。

任务分解

为了完成以上内容，可以把本任务分解成如下两个课题。

课题一：了解网络营销受众概况

课题二：受众行为分析

下面分别对这些课题的目标进行学习，并对其实施给予理论和实践上的指导。

课题一　了解网络营销受众概况

网络受众的概况是指互联网用户的基本状况。本课题的目标是根据我国互联网数据中心（DCCI）的调查数据，全面了解互联网用户的规模、性别、年龄、婚姻状况、职业、文化程度和个人月收入状况。通过对任务的分析，可以确定在这个任务的前期准备工作中，要查找的信息主要包括以下几个方面：互联网用户规模、性别和年龄、互联网用户学历与身份、互联网用户收入状况、互联网用户的爱好兴趣。网络受众的心理特征决定了其消费心理、需求特征决定了其消费对象。本课题就是要分析网络受众的心理特征和需求特征。

分析网络受众的概况必须取得及时、可靠、权威、翔实的统计资料，才能准确分析网络受众的基本状况，才能为今后进一步进行市场细分打好基础。搜集资料的主要渠道可以是全国各主要的互联网网站，也可以是权威的网络市场调研机构和国家互联网管理机构。这里，我们引用中国互联网络信息中心调查数据为统计资料来源。

一、总体网民规模

截至 2018 年 6 月，我国互联网用户规模达 8.02 亿，较 2018 年 1 月新增网民 2968 万人。互联网普及率为 57.7%，较 2017 年年底提升 1.9 个百分点，整体网民规模增速呈现放缓的态势，如图 4－1 所示。

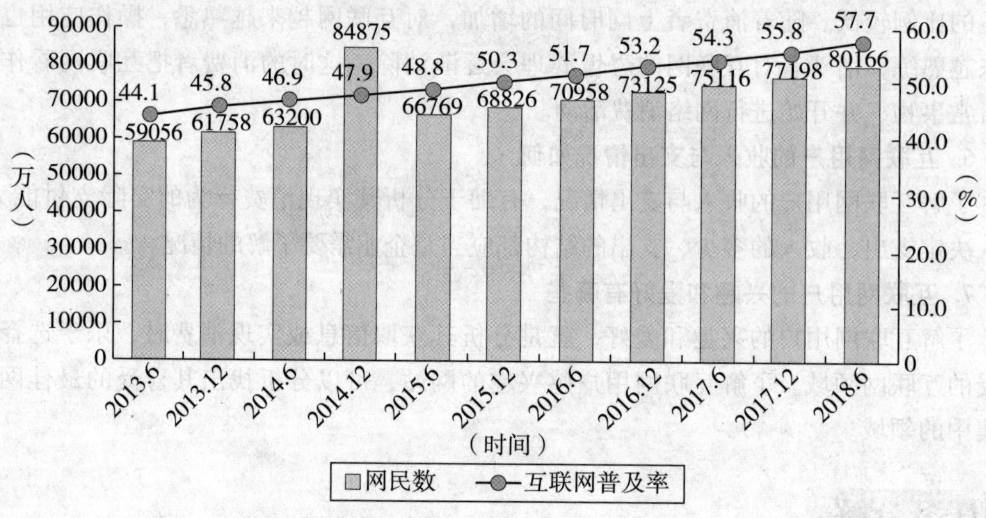

图 4－1　中国网民人数增长情况及互联网普及率

资料来源：CNNIC 2018 年 6 月发展状况统计调查。

近年来，我国网民规模增长主要源于以下四个方面：第一，政府在信息化领域制定了一系列政策方针并持续加强基础网络设施建设，为互联网接入提供了较好的网络基础条件；第二，运营商和各大厂商积极推动互联网应用发展，加快网络应用对社会生活的渗透，如打车、支付等应用与线下结合紧密，吸引了更多人使用互联网；第三，传统媒体和新媒体的联动加强，整体提升了社会对互联网的认知，促使更多人使用互联网；第四，网络应用的社交性和即时沟通的便捷性，在增加互联网用户使用黏性的同时加大了互联网用户对非互联网用户的连带影响，促进非互联网用户向互联网用户转化。这一系列因素共同推动互联网用户规模的增长，尤其推动了手机互联网用户的持续增加。我国手机互联网用户规模达 7.88 亿，通过手机接入互联网的比例高达 98.3%，较

2017 年年末提升了 0.8 个百分点；其中，2018 年上半年新增手机互联网用户 3509 万人，较 2017 年年末增加 4.7%，如图 4－2 所示。

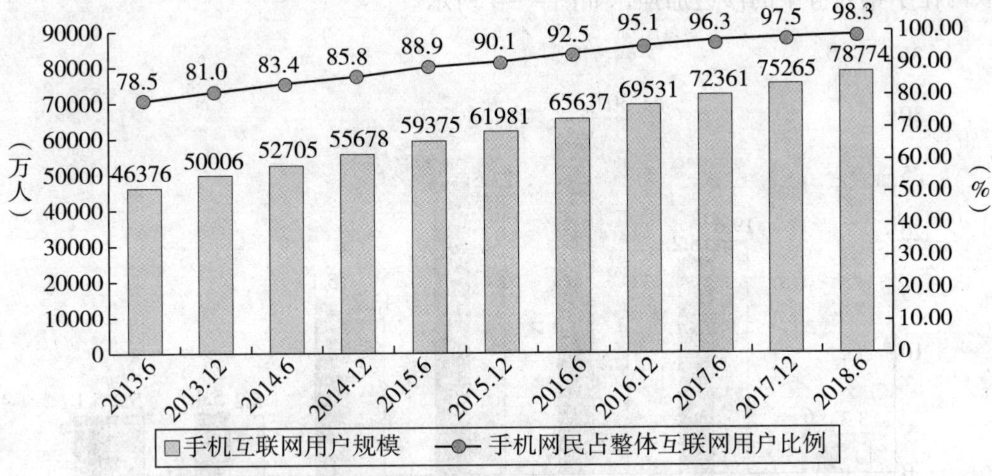

图 4－2　中国手机互联网用户规模及其占互联网用户比例

资料来源：CNNIC 2018 年 6 月发展状况统计调查。

二、互联网用户性别与年龄特征

（1）性别

截至 2018 年 6 月，中国互联网用户男女比例为 52.0∶48.0；2017 年年末，中国人口男女比例为 51.2∶48.83。中国互联网用户性别结构与人口性别属性趋同，如图 4－3 所示。

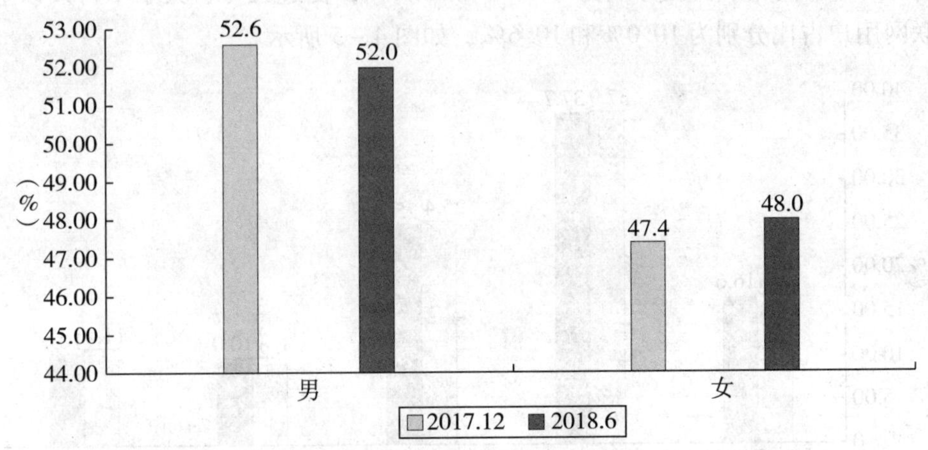

图 4－3　互联网用户性别结构

资料来源：CNNIC 2018 年 6 月发展状况统计调查。

（2）年龄

我国互联网用户以青少年、青年和中年群体为主。截至 2018 年 6 月，10～39 岁群体占总体互联网用户的 70.8%。其中 20～29 岁年龄段的互联网用户占比最高，达

27.9%；10～19 岁、30～39 岁群体占比分别为 18.2%、24.7%，与 2017 年年末基本保持一致。30～49 岁中年互联网用户群体占比由 2017 年年末的 36.7% 扩大至 39.8%，互联网在中年人群中的渗透加强，如图 4－4 所示。

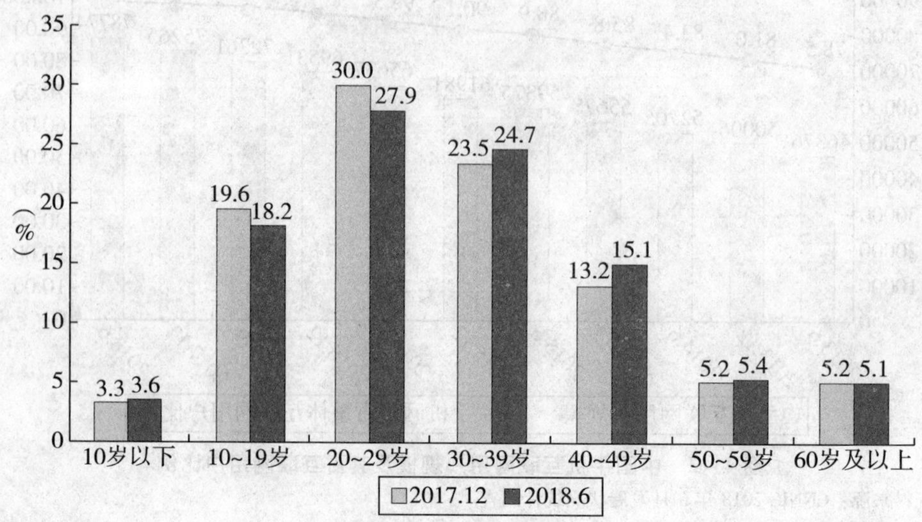

图 4－4　互联网用户年龄结构

资料来源：CNNIC 2018 年 6 月发展状况统计调查。

三、互联网用户学历与身份

我国互联网用户以中等教育水平的群体为主。截至 2018 年 6 月，初中、高中/中专/技校学历的互联网用户占比分别为 37.7% 和 25.1%；受过大专、大学本科及以上教育的互联网用户占比分别为 10.0% 和 10.6%，如图 4－5 所示。

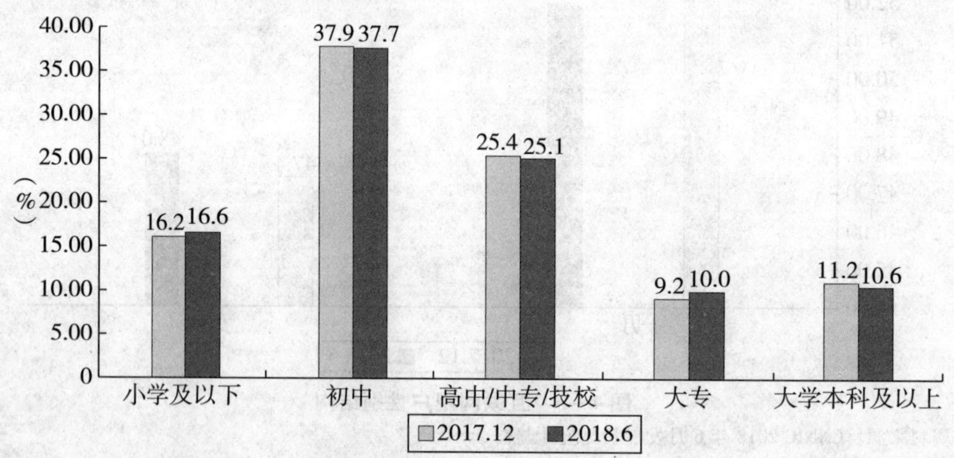

图 4－5　互联网用户学历结构

资料来源：CNNIC 2018 年 6 月发展状况统计调查。

截至 2018 年 6 月，中国互联网用户中学生群体最多，占比达 24.8%；其次是个体户/自由职业者，占比为 20.3%；企业/公司的管理人员和一般职员占比共计 12.2%。我国互联网用户职业结构保持稳定，如图 4-6 所示。

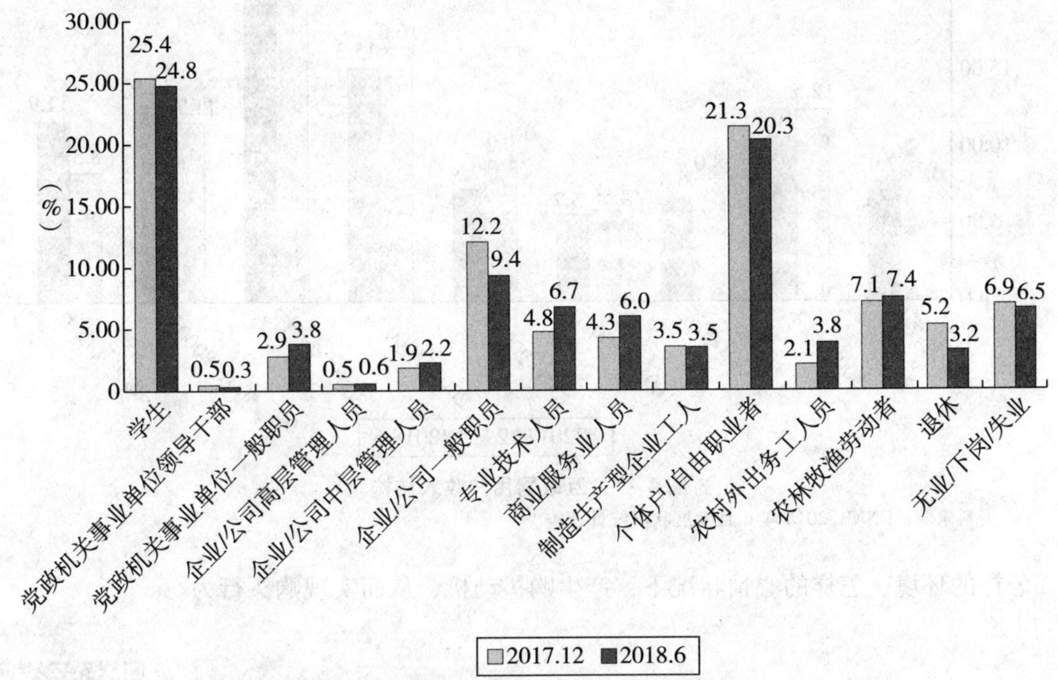

图 4-6　互联网用户职业结构

资料来源：CNNIC 2018 年 6 月发展状况统计调查。

四、互联网用户收入状况

月收入在 2000～5000 元的互联网用户群体占比较高。截至 2018 年 6 月，月收入在 2001～3000 元、3001～5000 元的群体占比分别为 15.3% 和 21.5%。2018 年上半年，无收入人群和高收入人群占比有所提升，无收入互联网用户占比较 2017 年年末提升了 2.7 个百分点，而月收入在 5000 元以上的互联网用户占比较 2017 年年末增长了 4.6 个百分点，如图 4-7 所示。

五、互联网用户的爱好兴趣

互联网用户的爱好兴趣是激发其购买行为的“催化剂”。在市场上，互联网用户的爱好兴趣是其最好的“导购员”。分析互联网用户的爱好兴趣有助于了解激发其购买行为的因素。

六、互联网用户的消费行为

消费行为是指互联网用户的购买行为，也就是互联网用户受营销和环境的刺激产生需求直到最终做出购买决策的整个过程。分析互联网用户的消费行为有助于了解其

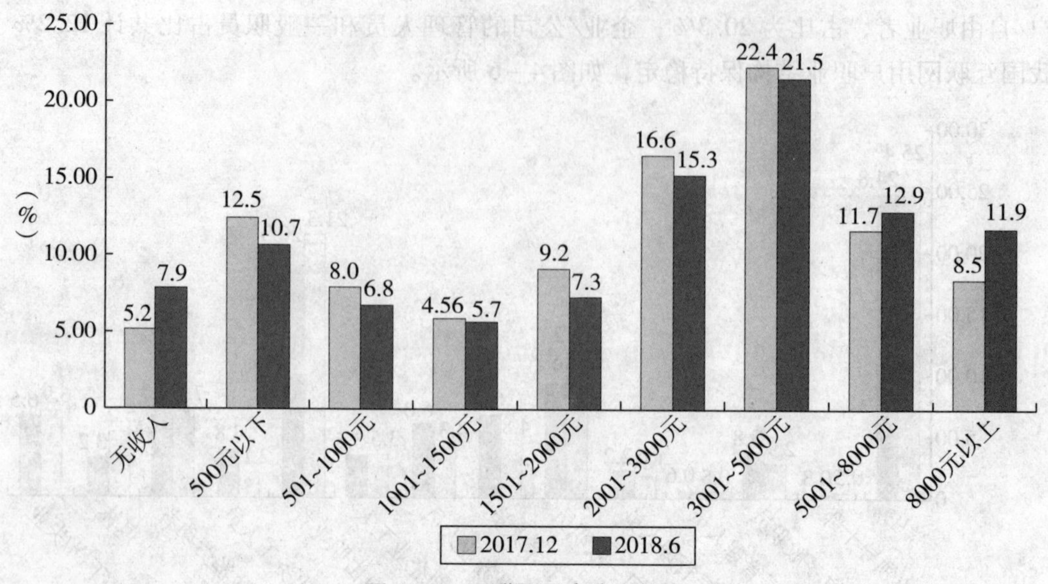

图 4－7　互联网用户收入结构

资料来源：CNNIC 2018 年 6 月发展状况统计调查。

在怎样的环境、怎样的心情状况下，产生购买动机，从而实现购买行为。

扫一扫，查看“微博 2017 年第三季度财报”。

课题二　受众行为分析

要想正确把握受众行为，我们可以根据网络受众的基本概况，进一步进行受众行为分析，分析网络消费者的消费动机和消费行为。本课题主要有以下问题需要解决：

- 网络用户行为内涵
- 网络用户行为分类
- 网络用户的需求特征

一、网络用户行为内涵

互联网是一个虚拟的世界。每一个通过网络终端（接入互联网的计算机）进入互联网的单位或个人都是网络用户。网络用户行为，是指网络用户登录互联网上的某一个网站，从事信息发布、信息采集、销售商品或者提供信息服务等活动的行为。比如，QQ 聊天、网上购物、收发 E-mail、网上订机票或火车票、上网看电影、下载图片或视频或软件等信息资料、浏览新闻、网上远程学习等。

二、网络用户行为分类

1. 按时间划分

按时间来划分，可分为长期行为和短期行为。比如，用户通过在网易网站申请的电子邮箱收发电子邮件，属于长期行为。一次偶然的机会，用户在当当网上购买了一本书，属于短期行为。

2. 按支付费用的情况划分

按支付费用的情况来划分，可分为付费行为和免费行为。在互联网上，有些服务是收费的，多数服务是免费的。用户使用收费服务的项目，属于付费行为。如在网店购物。用户使用免费服务的项目，属于免费行为，如网上浏览新闻、QQ 聊天等。

3. 按消费心理划分

按消费心理来划分，可分为理智型消费行为和情感型消费行为。理智型消费行为是指经过冷静思考，全面评价和衡量后所采取的购买行为。它是从产品长期使用的角度出发，经过一系列深思熟虑之后才做出的购买决定。情感型消费行为是指出于情感上的理由，即感情动机而产生的购买行为。

4. 其他分类

还有习惯型消费行为和经济型消费行为两种。习惯型消费行为，是指有的用户在上网消费时，根据自己的偏爱，在同等的条件下，喜欢光顾某一个网站。经济型消费行为是指用户在网上购物消费时，特别注重价格，专选廉价商品购买，有时也会注意质量，但对质量的重视程度远远不如价格。

网络消费者的购买过程，就是网络消费者购买行为形成和实现的过程。与传统的消费者购买行为类似，网络消费者的购买行为在实际购买之前就已经开始，并且延长到实际购买后的一段时间，这一过程是一个较为复杂的过程，不能简单地表现为买或不买。从酝酿购买开始到购买后的一段时间，网络消费者的购买过程可以粗略地分为诱发需求、收集信息、比较选择、购买决策和购后评价五个阶段。

三、网络用户的需求特征

1. 注重价值导向

由于消费水平的提高，消费者不仅考虑产品或服务的功能，还追求其附加价值；同时，他们强调物有所值，不盲目追求品牌和档次，其特征集中表现为“交叉购买”。

2. 信息索取趋于多、捷、便

互联网的运用和发展正逐步减少和消除因信息不对称和高昂的信息成本给消费者带来的困扰和不便。消费者几乎足不出户便可以用最快捷、最便宜的方式，获得所需的资料，消费者更追求消费过程的方便和享受。今天，消费过程出现了两种追求趋势：一种是以方便性购买为目标，人们追求的是较低的时间和劳动成本。另一种是以保持高产品质量为购买原则，人们开始追求回归产品本质以及质量更高的产品。在不同消费领域，消费者对于回归基础与本质的产品、个性化服务的需求都在增加。

3. 追求个性化、独特化

追求个性化已逐渐成为现代人消费的一大特征。目前，许多消费者已进入明显的个性化消费阶段，过去那种“忠诚度同质化”的状况正逐步淡化。消费者的个性消费使网络消费需求呈现出差异性。不同的网络消费者因其所处的时代环境不同，也会产生不同的需求。

从事网络营销的厂商，要从产品的构思、设计、制造、包装、运输、销售等方面认真思考这些差异性，并针对不同消费者的特点，采取相应的措施和方法。

4. 积极主动，更加专业和自信

由于消费者能接触到更多的信息、有更多的选择机会，他们不再被动地接受他人的观点和信息，不再消极地购买和消费，而要求积极掌握主动权，需要被关注、被倾听。消费者选择商品趋于理性化，他们会利用在网上得到的信息对商品进行反复比较，以决定是否购买。

5. 主张创新而不是单纯选择

不断发展的 IT 技术及数字媒体给消费者建造了创新的舞台。他们不会只满足于现有产品或服务，创新才是其追求的永恒目标。

6. 关注和重视社会利益

社会文明程度的不断提高，使消费者在满足个体消费需求的同时，更注重保护生态环境等方面。

7. 价格仍是影响消费者心理的重要因素

从消费的角度来说，价格不是决定消费者购买商品的唯一因素，却是消费者购买商品时肯定要考虑的因素。网上购物之所以具有生命力，重要的原因之一是网上销售的商品价格普遍较市场商品低。尽管经营者都倾向于以各种差别化来减弱消费者对价格的敏感度，避免恶性竞争，但价格始终会对消费者的心理产生重要影响。由于消费者可以通过网络与企业讨价还价，产品的定价方式逐步由企业定价转变为消费者引导定价。

8. 消费的主动性增强

在社会化分工日益细化和专业化的趋势下，消费者消费的风险感随着选择的增多而上升。在许多大额或高档的消费中，消费者往往会主动通过各种可能的渠道获取与商品有关的信息并进行分析和比较。或许这种分析、比较不是很充分合理，但消费者能从中得到心理的平衡以减轻购买前的风险感，避免购买后产生后悔感，增加对产品的信任度和心理上预期的满足感。消费主动性的增强来源于现代社会生活的不确定性和人类追求心理稳定和平衡的欲望。

任务总结

综合本节的网络受众分析，可以看出，目前，我国的互联网用户规模有较大的发展。我国的互联网用户具有年轻化，男性居多，高收入、高学历阶层普及率高以及用户总体收入水平普遍较低的特点。浏览新闻、获取信息、收发电子邮件等基本的网络应用仍是互联网用户使用最多的服务，另外，网络即时通信、互动交流、休闲娱乐及在线购物等也逐渐成为越来越多的互联网用户的上网需求。企业网络营销活动的开展应在充分分析上述因素的基础上进行。

本章还分析阐述了互联网用户行为的内涵，并对互联网用户行为进行了分类，分析了互联网用户的需求特征。在网络营销活动中，分析互联网用户行为就是一个市场细分的过程，就是一个寻找目标市场、发掘商机的过程。

通过本章的学习，我们应当认识网络受众分析的对象，既要全面，又要有重点。本章我们全面分析了当前我国互联网用户的基本概况，重点分析指出了我国互联网用户的教育程度和收入支出状况。

通过本章的学习，我们应当把握网络用户消费需求的基本特征，培养良好的市场意识，能够敏锐地捕捉商机，并为本书后续章节的学习打好基础。

EQ驿站

换位思考

一富豪到华尔街银行借贷款5000美元，借期两周，银行贷款须有抵押，富豪用停在门口的劳斯莱斯做抵押。银行职员将他的劳斯莱斯停在地下车库里，然后借给富豪5000美元，两周后富豪来还钱，利息仅15美元。银行职员发现富豪账上有几百万美元，十分疑惑，富豪说：“15美元两周的停车场，在华尔街是永远找不到的。”

检测练习

扫一扫，查看任务四课后习题。

任务五　全方位网络营销

任务提出

小王毕业后，应聘到某公司电子商务部，负责公司网站和产品的推广工作。为了更好地完成工作，小王必须通过多种方法推广公司产品，提升公司知名度，并采用各种渠道提升公司网站的运营指标。假如你是小王，你打算怎么做?

任务分析

要想很好地完成公司的网站和产品的推广工作，首先应该了解网络营销有哪些常用的工具和方法，因此，本次任务涉及如下内容。

1. 搜索引擎的作用、类别及如何获得良好的搜索引擎排名

搜索引擎是比较经典，也是较为常用的网络营销方法之一，因此本次任务要先了解搜索引擎的作用、类别及如何获得良好的搜索引擎排名。

2. 在线客服的作用

通过搜索引擎、购买通用网址或网络实名等手段进行品牌推广和网络营销活动，确实能为企业网站带来较大的访问流量。但开展电子商务的关键就在于锁定潜在客户，因此可以通过方便快捷的在线客服系统进行实时在线服务，以实现潜在客户的转化，最终获取订单。

3. 微博营销及其方法和意义

微博营销是指通过微博平台为企业、个人等创造价值而执行的一种营销方式，也是指企业或个人通过微博平台发现并满足用户各类需求的商业行为方式。微博营销以微博作为营销平台，利用更新企业、个人的微博向网友传播企业信息、产品信息，树立良好的企业形象和产品形象。

4. 微信营销及其方法和意义

微信营销是网络经济时代企业或个人营销模式的一种，是伴随着微信应用的普及而兴起的一种网络营销方式。微信不存在距离的限制，用户注册微信后，可与周围同样注册的“朋友”形成一种联系，订阅自己所需的信息，商家通过提供用户需要的信息，推广自己的产品，从而实现点对点的营销。

5. 论坛营销、论坛营销应注意的问题及中小企业操作论坛营销的步骤

论坛营销是以论坛为媒介，参与论坛讨论，建立自己的知名度和权威，并推广自己的产品或服务。论坛营销是非常有效的网络营销手段。

6. 公共关系营销的含义及其不同的营销策略

企业形象作为一种极为宝贵的营销资源，已成为营销策略的重要组成部分。根据公共关系营销观念，企业在制订及实施其市场营销政策时，必须全面考虑企业利润、消费者需求和社会公益三方面的内容，忽视任何一个方面，都会给企业的发展带来严重影响，并且企业还应视不同的需求动态，采取不同的公共关系营销策略。

7. 交换链接及应注意的问题

交换链接或称互惠链接，是具有一定互补优势的网站之间的简单合作形式，即分别在自己的网站上放置对方网站的 Logo（商标）或网站名称并设置对方网站的超级链接，使得用户可以从合作网站中发现自己的网站，达到互相推广的目的。因此，在进行链接交换时需要注意一些问题。

8. 病毒性营销及其形式

病毒性营销并非真的以传播病毒的方式开展营销，而是通过用户的口碑宣传网络，信息像病毒一样传播和扩散，利用快速复制的方式传向数以千计、数以万计的受众。病毒性营销的经典范例是 Hotmail（微软提供的一种免费电子邮件服务）。现在几乎所有的免费电子邮件提供商都采取类似的推广方法。

9. 信息发布及其作用

信息发布既是网络营销的基本职能，又是一种实用的操作手段，通过互联网，不仅可以浏览大量商业信息，还可以自己发布信息。最重要的是将有价值的信息及时发布在自己的网站上，比如新产品信息、优惠促销信息等，以充分发挥网站的功能。

10. 会员制营销及会员制营销的基本原理及其功能

会员制营销又称“俱乐部营销”，是指企业以某项利益或服务为主题将用户组成一个俱乐部形式的团体，通过提供适合会员需要的服务，开展宣传、销售、促销等活动，培养企业的忠诚顾客，以此获得经营利益，因此要了解会员制营销的基本原理和会员制营销的功能。

11. 个性化营销及个性化营销的主要内容

了解什么是个性化营销及个性化营销的主要内容。

12. SNS（社交网站）营销的含义及意义

SNS 是一种网站病毒式的营销，网站的某一个会员邀请他的朋友成为这个网站的用户，而且把这种邀请利益化和目的化。

13. 互动式营销的含义及意义

B2B 互动式营销的基础是中小企业在互联网上的企业 B2B 商铺，强调的是供应和采购双方需求的即时互动的营销方式。

任务分解

为了完成以上内容，可以把本任务分解成如下两个课题。

课题一：了解网络营销全方位的含义

课题二：了解网络营销常用的方法

下面分别对这些课题的目标进行确认，并对其实施给予理论和实践上的指导。

课题一 了解网络营销全方位的含义

本课题的目标是通过了解网络营销常用的工具，学会如何使用这些网络营销工具对企业的网站和产品进行推广。通过对课题的分析，可以确定在这个课题的前期准备工作中，要了解以下几个方面：

- 搜索引擎
- 在线客服
- 微博营销
- 微信营销
- 论坛营销
- 公共关系营销

以下分别讲解这些内容的操作要点和方法。

要对企业的网站和产品进行推广，首先应对网络营销工具有一定了解。目前，常用的网络营销工具有搜索引擎、在线客服、微博营销、论坛营销、公共关系营销等，网络营销人员要想合理使用这些网络营销工具，首先应了解这些网络营销工具的含义及其意义。

一、搜索引擎

1. 搜索引擎的含义

搜索引擎（Search Engine）是指根据一定的策略、运用特定的计算机程序收集互联网上的信息，在对信息进行组织和处理后，为用户提供检索服务的系统。

从使用者的角度看，搜索引擎提供一个包含搜索框的页面，在搜索框输入词语，通过浏览器提交给搜索引擎后，搜索引擎就会转到与用户输入的内容相关的信息列表。

搜索引擎是比较经典，也是较常用的网络营销方法之一。现在，虽然搜索引擎的效果已经不像几年前那样显著，但仍是人们发现新网站的基本方法。因此，在主要的搜索引擎上注册并获得理想的排名，是网站设计过程中就要考虑的问题之一，网站正式发布后尽快提交到主要的搜索引擎，是网络营销的基本任务。国内中文搜索引擎主要有百度搜索引擎、新浪搜索引擎等。

扫一扫，查看“苏宁易购搜索引擎营销”。

2. 主流搜索引擎

（1）全文搜索引擎

全文搜索引擎是名副其实的搜索引擎，国外代表有谷歌，国内则有著名的百度搜索。它们从互联网上提取各个网站的信息（以网页文字为主），建立起数据库，并能检索与用户查询条件相匹配的记录，按一定的排列顺序返回结果。

根据搜索结果来源的不同，全文搜索引擎可分为两类，一类拥有自己的检索程序（Indexer），俗称“蜘蛛”（Spider）程序或“机器人”（Robot）程序，能自建网页数据库，搜索结果直接从自身的数据库中调用，上面提到的谷歌和百度就属于此类；另一类则是租用其他搜索引擎的数据库，并按自定的格式排列搜索结果，如 Lycos 搜索引擎。

（2）目录索引

目录索引虽然有搜索功能，但严格意义上不能称为真正的搜索引擎，只是按目录分类的网站链接列表而已。不依靠关键词（Keywords）进行查询，用户完全可以按照分类目录找到所需要的信息。国内目录索引中最具代表性的是新浪分类目录搜索。

（3）元搜索引擎

元搜索引擎（Meta-search Engine）接受用户查询请求后，同时在多个搜索引擎上搜索，并将结果返回给用户。著名的元搜索引擎有 InfoSpace（智能网）、Dogpile、Vivisimo 等，中文元搜索引擎中具代表性的是搜星搜索引擎。在搜索结果排列方面，有的直接按来源排列搜索结果，如 Dogpile；有的则按自定的规则将结果重新排列组合，如 Vivisimo。

实例 5-1　关于移动搜索引擎营销（Mobile SEM），你不得不了解的知识

移动互联网作为一个浩瀚的领域，有太多地方值得营销者学习。下面这篇文章主要给大家分享移动搜索营销的一些特点和技巧。

1. 移动搜索引擎营销的特点

（1）更精准

移动互联网的能量主要集中在“移动”二字，具体体现到搜索上，即精准；基于更精准的地理定位，广告主能在庞大的用户群中准确找到目标，有针对性地接触更有可能产生消费行为的客户。比如，企业可以根据地理位置投放不同的广告，在重点区域获得更高的竞价排名。这种资源配置优化，对预算有限的中小企业来说无疑是较好的选择。

（2）低成本

最近一份报告显示，相比传统 PC（电脑）端广告，移动搜索营销的 CPC（Cost

Per Click，每点击一次计费）成本更低。即使目前电脑搜索占据市场主流，但按照移动搜索的发展增速，超越只是时间的问题。

（3）响应度高

相比于电脑，移动设备一般属于私人所有，带有更多个人属性，更容易引起消费购买行为。根据谷歌的数据，90%的移动设备用户会对谷歌搜索结果采取后续行动，这些行动包括购买、咨询等，而其他形式的广告很难有如此高的回应度。

2. 做好移动搜索的一些技巧

搜索引擎营销作为营销的一个分支，自其诞生以来就沉淀了很多成熟的经验，并且这些经验很多依然可以使用在移动搜索上。除此之外，它有哪些特殊的技巧呢？（下面以谷歌为例）

（1）电话拨打按钮

电话拨打按钮大大简化交互逻辑层次，降低了消费者拨打电话的成本。在搜索结果中加入电话拨打按钮，可以帮助用户自然地联系到企业。特别是在一些紧急情况下，能提供不少便利。

（2）站点功能导航

对于服务类的企业来说，如果能在搜索页面直接放置常用功能链接，那用户就再也不需要通过复杂的导航来寻找服务。消费者获得服务的成本越低、效率越高，满意度就会越高，消费行为转化率也会越高。

（3）地理导航服务

对于主动找上门的顾客，企业一定要通过最简单、快捷的方式告知企业的地理位置和到达方式。这点可以在移动搜索中体现，如果企业就在附近，或者很容易到达，那就通过移动搜索的结果来告诉客户“到我这里来”。

（4）App 推广

人们把大部分时间花在智能手机的 App 上，企业都想在消费者的手机里安装自己的 App 以方便提供服务和推送广告。当用户在搜索企业信息时，很有可能在寻找什么信息。这种带有动机的搜寻更容易引发 App 下载行为，是推广 App 的一种好办法。

（5）定制手机网站页面

很多企业的手机页面仅仅是电脑缩放或者转码器转换而来，没有进行专门的设计优化。谷歌和 AnswerLab（领英）的一份研究表明，用户在移动设备上集中注意力的时间更短，所以企业必须把最精华的内容呈现在寸土寸金的屏幕上，让访客更容易找到关键信息（如联系方式）。另外，导航菜单一定要尽可能简洁，用户没有那么多时间和耐心去搜寻这些信息。移动站点除了精简内容，还要统一结构；在一些调查研究中发现，比起单独的电脑页面，用户对那些电脑页面与移动页面并存的网站更疑惑，认为操作难度更大。因此移动站点在设计上要统一思想，每个页面都要进行优化，不能出现点击了某个按钮以后跳转到电脑页面的类似状况。如果你觉得在移动网页需要保留电脑网页的所有功能，那可以提供一个电脑版的转换按钮。

(6) 增强站内搜索功能

对于服务类、购物类网站，站内搜索功能强化是必须要进行的。判断站内搜索是否成功的标准很简单，只要绝大多数用户能在搜索结果的第一页找到答案即可；除此之外，还可以增加一些实用功能来提高用户体验，比如分类搜索、自动预测、自动补全纠错等，让用户停留的时间更长。

(7) 优化操作流程，确保转化率

把用户吸引到企业的站点只成功了一半，如何让用户产生消费行为才是最大的难题。对于移动网页来说，购买的前提是注册和登录。尤其当消费者对一个品牌不是很熟悉时，企业该如何让消费者注册或者登录？所以企业网站应该提供一些访客选项，让消费者看到注册的好处；注册/登录、支付的过程要尽可能简单，保证流畅度，不要让用户产生太多的疑虑，这样可以提高消费者的购买转化率。

(8) 增强输入表单功能

输入文字可以说是触屏设备上最单调乏味的任务之一。如果移动网页在文字信息录入方面做得足够好，那虚拟键盘将会变得多余。比如，对一些日期、电子邮件后缀进行自动填充，将主观问题转变成选择题，通过下拉菜单等方式方便用户等等。另外，还可以对输入的结果进行实时验证，让用户得到反馈，防止因信息出错而产生的重新输入、二次提交等不愉快行为。

总的来说，移动设备的最大好处就是方便，因此能做到无处不在。用户会在不同场合来寻找企业服务和产品，因为他们有需要，因此移动搜索营销将成为一门学问。企业可以通过搜索技术的优化，吸引用户的注意力，并将他们的访问行为转变成消费和购买行为。

资料来源：Mark – Grove. 关于移动搜索引擎营销（Mobile SEM），你不得不了解的知识［EB/OL］（2014 – 11 – 13）. http：//www. socialbeta. com/t/sem – mobile – marketing – knowledge – you – must – know. html.

二、在线客服

在线客服是网络营销的基础。当前，众多企业热衷于通过登录搜索引擎、购买通用网址与网络实名等方式进行品牌推广和网络营销活动，这些推广措施也确实能为企业网站带来显著的访问流量。但是，网络营销是“一对一”的、具有双向交互式的沟通方式。这种方式是以消费者为主导的，是非强迫性的，因此对于企业来说，如何将网站访问者变成企业的用户，也是一项至关重要的工作。而企业通过在线客服系统与访问者直接交流，可以有效吸引和挽留住访问者，并最终将其转换为企业的用户，从而将网络营销的效益最大化。

企业上网的最终目的无非是挖掘潜在客户，提升销售业绩。要实现这些目标，自然离不开宣传和推广。利用互联网实现产品的销售（或得到订单）属于电子商务的范畴，而利用互联网开展宣传和推广则属于网络营销。有的企业以为在一些电子商务网站发布一些产品信息，或者自己做一个网站来陈列产品和服务，就能轻松实现电子商务，但多数企业证明这条路是行不通的，大多数企业发布的信息无人问津，这充分说明没有网络营销的电子商务不过是空中楼阁。

有的企业或者个人站长通过网络营销的实施获得了不少“流量”，但仍然不能提升销售业绩。很多企业通过推广获得流量以后，又白白地流失了，多数情况就是因为在线服务开展不力。

首先要明白留住访客是网络营销的后续工作，要知道潜在客户被带来以后，如果不妥善“招待”他们，“吸引”他们，来了还会走的。相关调查数据显示：95% 以上的访问者（潜在客户）在浏览企业网站后，都没有主动与企业联系，也就是说，企业每天都在流失 95% 的商机。开展电子商务的关键就在于锁定目前潜在的客户，通过方便快捷的在线客服系统进行实时在线服务，以实现潜在客户的转化，最终获取订单。如现在比较流行的客户通在线客服软件，可以实现企业与来访者自由沟通，来访者无须安装任何插件，就可以在线交流。它在短时间内就能帮助网站提高销量，变被动为主动，变流量为收入。另有调查显示，超过一半的客户表示，不太可能再次在那些服务反应迟钝的网站进行购买，恶劣的在线客服服务不仅影响企业的网上业务，还会让企业品牌在其重要的客户心目中贬值。所以，选择一款好的在线客服系统不仅能为企业创造最大化直接价值，还能有效提升企业的品牌形象。

从上面的简单分析不难得出这样的结论：企业上网首先要做的就是网络营销，然后通过在线客服来实现网络营销的最终目的。在网络营销方式层出不穷的当下，如何实实在在留住网站访问者才是根本所在，只有发掘潜在用户、维护现有客户，才能实现网络营销的最终目的。在线客服系统的建设，应引起广大企业的关注。基于这种思路，企业才能有付出必有回报。

三、微博营销

（一）微博营销含义

微博营销是指通过微博平台为商家、个人等创造价值而执行的一种营销方式，也是指商家或个人通过微博平台发现并满足用户的各类需求的商业行为方式。微博营销以微博作为营销平台，每一个访问者（粉丝）都是潜在的营销对象，企业通过更新自己的微博向网友传播企业信息、产品信息，树立良好的企业形象和产品形象。仅通过每天更新内容的方法就可以和目标人群交流互动，或者发布和目标人群感兴趣的话题，以此达到营销的目的。

该营销方式注重价值的传递、内容的互动、系统的布局、准确的定位，微博的火热发展也使得其营销效果尤为显著。微博营销涉及的范围包括认证、有效粉丝、朋友、话题、名博、开放平台、整体运营等。自 2012 年 12 月后，新浪微博推出企业服务商平台，对企业在微博上进行营销提供一定帮助。

扫一扫，查看“《早安阿里》微博催生出新的营销模式——微博营销”。

（二）微博的分类

1. 个人微博营销

很多个人微博营销是通过个人本身的知名度来得到别人的关注和了解，他们运用微博往往是通过这样一个媒介来让自己的粉丝进一步了解和喜欢自己，在他们手中微博的功利性并不是特别明显，他们的宣传工作一般是由粉丝们跟踪转帖来达到营销效果。

2. 企业微博营销

企业是以盈利为目的的，他们运用微博往往是想通过微博来提高自己的知名度，最后达到销售产品的目的。企业微博营销往往要难许多，因为知名度有限，受微博平台限制，不能很好地让消费者直观地理解商品，而且微博更新速度快，信息量大，企业微博营销时，应当明确消费群体，与粉丝多交流，多互动，多做企业宣传工作。

（三）微博营销的技巧

1. 注重价值的传递

企业博客经营者首先要明确观念——企业微博的“索取”与“给予”，企业微博是一个给予平台。微博的发博数量在2011年时，已经以亿计算，只有那些能对浏览者创造价值的微博才有价值，此时企业微博才可能达到期望的商业目的。企业只有认清了这个因果关系，才可能从企业微博中受益。

2. 注重微博个性化

微博的特点是“关系”“互动”，因此，虽然是企业微博，但也切忌把微博仅当作一个官方发布消息的窗口。要有温度，有思考，有回应，有自己的特点与个性。

浏览者觉得你的微博和其他微博差不多，或是有较高的可替代性，都是不成功的。这和品牌与商品的定位一样，只有塑造个性，微博才具有较高的黏性，才可以持续积累粉丝与专注，这样此时的企业才有了不可替代性与独特的魅力。

3. 注重发布的连续性

微博就像一本随时更新的电子杂志，要注重定时、定量、定向发布内容，让目标人群养成观看习惯。当其登录微博后，能够想要翻看企业微博的新动态，这无疑就是成功的第一步，虽很难达到，但我们需要尽可能出现在他们面前，先成为他们思想中的一个习惯。

4. 注重互动性加强

微博的魅力在于互动，拥有一群不说话的粉丝是很危险的，因为他们最后可能会离开。因此，互动性是使微博持续发展的关键。第一个应该注意的问题就是，企业宣传信息不能超过微博信息的10%，最佳比例是3%～5%。更多的信息应该融入粉丝感兴趣的内容之中。

“活动内容＋奖品＋关注（转发/评论）”的活动形式一直是微博互动的主要方式，但实质上奖品比企业所想宣传的内容更吸引粉丝，相较赠送奖品，只有认真回复留言，用心感受粉丝的思想，企业才能换取情感的认同。如果情感与“利益”（奖品）共存，那就更完美了。

5. 注重系统性布局

任何一个营销活动，想要取得持续而巨大的成功，都不能脱离系统性，单纯作为一个想法来运作，很难持续取得成功。微博营销虽然看起来很简单，对大多企业来说效果也很有限，从而被很多企业当作可有可无的网络营销。其实，微博这种全新形态的互动形式，具有很大的潜力，发挥很小作用的原因是企业本身投入的精力与重视程度不够。

企业想要微博产生更大的效果就要将其纳入整体营销规划中来，这样微博才有机会发挥更多作用。

6. 注重准确的定位

对于企业微博来说，“粉丝”质量更重要。因为企业微博最终的商业价值就需要这些有价值的粉丝，这涉及微博定位的问题。很多企业抱怨：“微博人数都过万了，可转载、留言的人很少，宣传效果不明显。”这其中一个很重要的原因就是企业定位不准确。要围绕目标顾客关注的相关信息来发布内容，吸引目标顾客的关注，而非只考虑吸引眼球。在起步阶段，很多企业都陷入这个误区当中，完全以吸引大量粉丝为目的，却忽视了粉丝是否是目标消费群体这个重要问题。

7. 企业微博专业化

企业微博定位专一很重要，但是专业更重要。同场竞技，只有专业才可能超越对手，持续吸引关注目光，专业是一个企业微博重要的竞争力指标。

微博不是企业的装饰品，如果不能做到专业，只会流于平庸，倒不如不开通企业微博，因为，作为一个“零距离”接触的交流平台，负面的信息与不良的用户体验很容易迅速传播开，并给企业带来不利影响。

8. 注重控制的有效性

微博传播速度快得惊人，当极高的传播速度与较大传递规模相结合，所创造出的力量有可能是正面的，也有可能是负面的。因此，必须有效管控企业微博这把双刃剑。

9. 注重方法与技巧

要想企业微博持续发展，单在内容上传递价值还不够，必须讲求一些技巧与方法。比如，在微博话题的设定中，表达方法就很重要。如果博文是提问性的，或是带有悬念的，能引导粉丝思考与参与，那么浏览和回复的人自然就多，也容易给人留下印象。

实例 5-2　康师傅黑白胡椒面“辛力觉醒”微博营销

康师傅方便面在产品开发上不仅传承传统，还不断突破与创新，以满足国人多样化的需求。2016 年康师傅以“95 后”年轻人的需求喜好为导向，研发了国内首创的胡椒口味高汤面——康师傅黑胡椒牛排面和白胡椒肉骨面，并提出“黑白 CP”销售理念及代表其独特口感的“辛力觉醒”传播主题。针对康师傅的营销需求，网络营销策划专员根据其产品特性，选择微博作为营销的定向投放平台，具体执行过程如下。

1. 微博互动活动

微博互动活动“壕气泡面送 PRADA”打响吸睛第一响，贴合“95 后”喜好打造“壕”话题，塑造康师傅黑白胡椒面特立独行的品牌形象，将话题引导落地于产品传播，短时间内获得极高关注。在“壕气泡面送 PRADA”活动开始后，即在微博中实现病毒性传播。次日粉丝爆发性增长，单日新增粉丝人数达到 6300 多，日均新增粉丝人数 3000 多。在公布第一位获奖者的时间段中，单日新增粉丝人数更是达到 7449，在 4 月 28 日使用微博广告平台推荐活动中，当日新增粉丝为 9517。活动上线后，各路微博大号也相继互动转发，持续刷屏热评不退，总计覆盖粉丝 14347 万人。

不但如此，2016 年 4 月 14 日，微博话题“黑白 cp 配一脸”紧随其后持续刷屏，话题“黑白 cp 傲娇配一脸”成功推荐至微博首页热门话题 TOP2，微博话题总榜 TOP2，话题阅读量高达 2700 万，话题讨论达 20000 条。

2. 黑白胡椒面创意吃法图文传播

邀请美食达人进行创意吃法的研究，增大曝光量的同时寓教于乐，给新品创造了更多趣味的可能。以黑白胡椒面创意吃法图文在微博传播，借力美食达人外脑影响圈定群体，趣味性吃法激发消费者的购买欲。活动由 6 个美食红人首发创意做法，覆盖粉丝总计 2576 万，转发评论点赞总互动量累计高达 74338 次。

3. 黑白胡椒面拟人化形象传播

结合产品口味特征，架构创意性的故事情节，将品牌“辛力觉醒”的主张贯穿其中。黑白胡椒面拟人化形象传播，拟人化的性格与形象充分体现品牌产品的功能性和情感性，极具传播性的故事型漫画，代入产品特色，故事核心紧扣“辛力觉醒”，强调品牌关联，吸引目标消费者走进品牌的世界。

4. 效果总结

本次品牌传播紧扣新品特征，以微博作为主战略平台进行品牌曝光，通过“壕气泡面”等一系列大胆策划，不仅在一定程度上拉动了新品的销量，官微康师傅黑白胡椒方便面也吸引了大量网友的关注。从活动效果及粉丝的反馈来看，远超预期效果。

四、微信营销

（一）微信营销含义

微信营销是网络经济时代企业或个人营销模式的一种，是伴随着微信的火热而兴起的一种网络营销方式。微信不存在距离的限制，用户注册微信后，可与周围同样注册的朋友形成一种联系，订阅自己所需的信息，商家通过提供用户需要的信息，推广自己的产品，从而实现点对点的营销。

微信营销主要体现在以安卓系统、苹果系统的手机或者平板电脑中的移动客户端进行的区域定位营销，商家通过微信公众平台，结合微信会员管理系统展示商家微官网、微会员、微推送、微支付、微活动，已经形成了一种主流的线上线下微信互动营销方式。

扫一扫，查看“图文消息编辑技巧”。

（二）微信营销的特点

1. 点对点精准营销

微信拥有庞大的用户群，借助移动终端、天然的社交和位置定位等优势，每条信息都是可以推送的，每个个体都有机会接收到这条信息，继而帮助商家实现点对点精准化营销。

2. 形式灵活多样

漂流瓶：用户可以发布语音或者文字然后投入“大海”中，如果有其他用户“捞”到则可以展开对话，如招商银行的“爱心漂流瓶”用户互动活动就是个典型案例。

位置签名：商家可以利用“用户签名档”这个免费的广告位为自己做宣传，附近的微信用户据此可以看到商家的信息，如K5便利店就采用了微信签名档的营销方式。

二维码：用户可以通过扫描识别二维码身份来添加朋友、关注企业账号；企业则可以设定自己品牌的二维码，用折扣和优惠来吸引用户关注，开拓O2O（线上到线下）的营销模式。

开放平台：通过微信开放平台，应用开发者可以接入第三方应用，还可以将应用的Logo放入微信附件栏，使用户可以方便地在会话中调用第三方应用进行内容选择与分享。如美丽说的用户可以将自己在美丽说中的内容分享到微信中，使其得到不断的传播，进而实现口碑营销。

公众平台：在微信公众平台上，每个人都可以用一个QQ号码打造自己的微信公众账号，并在微信平台上实现和特定群体的文字、图片、语音的全方位沟通和互动。

3. 强关系的机遇

微信的点对点产品形态注定了其能够通过互动的形式将普通关系发展成强关系，从而产生更大的价值。互动就是聊天，可以解答疑惑、可以讲故事甚至可以“卖萌”，用一切形式让企业与消费者形成朋友的关系，你不会相信陌生人，但是会信任你的“朋友”。

扫一扫，查看“微信内容编辑排版工具——秀米”。

（三）微信营销策略

1. “意见领袖型”营销策略

企业家、企业的高层管理人员大都是意见领袖，他们的观点具有相当强的辐射力和渗透力，对大众有着较大的影响，可潜移默化地改变人们的消费观念，影响人们的消费行为。微信营销可以有效地综合运用“意见领袖型”营销策略的影响力和微信自身强大的影响力刺激需求，激发购买欲望。如小米创办人雷军采用的就是“意见领袖型”营销策略：雷军利用自己的微博粉丝，只是在新浪上简单地发布关于小米手机的一些信息，就得到众多小米手机关注者的转播与评论，并能通过评论得知消费者的需求。

2. “病毒式”营销策略

微信即时性和互动性强、可见度、影响力以及无边界传播等特质特别适合病毒式营销策略的应用。微信平台的群发功能可以有效地将企业拍的视频，制作的图片，宣传的文字群发给微信好友。企业更可以利用二维码的方式发送优惠信息，这是一个既经济实惠又有效的促销模式，使顾客主动为企业做宣传，激发口碑效应，将产品和服务信息传播到互联网还有生活中。

3. “视频、图片”营销策略

运用“视频、图片”营销策略开展微信营销，首先要在与微友的互动和对话中寻找市场，发现市场。为特定市场的潜在客户提供个性化、差异化服务，其次，善于借助各种技术，将企业产品、服务的信息传送到潜在客户的大脑中，为企业赢得竞争优势，打造出优质的品牌服务。让企业的微信营销更加“可口化、可乐化、软性化”，更加吸引消费者的眼球。

实例5-3　从“罗辑思维”看微信公众号的运营方法

“我们找对了一个风口，连猪都能飞起来的风口。”这句话是雷军描述网络创业的。那么你是已经飞起还是准备起飞呢？江湖人称“罗胖”的罗振宇似乎印证了这句话。罗胖正是借助“罗辑思维”这架飞机迎着微信这股风飞了起来。

现在流行用互联网思维逆袭传统行业，微信是一个非常值得重视的工具。然而相对于微博的开放，微信是一个较为封闭的环境，对于一个企业的公众账号来说，短时间内获得高质量的粉丝就必须要有些“手段”。

（1）选择合适的图片很重要，经常去相关的微博和网站里获取一些行业里的图片，做微信营销要重视细节。并且图文要匹配，不能文不对图。还要细分版块，因为版块是供不同层次客户选择分享的，也让客户有挑选的余地。

（2）晚上或者下午推送内容最好，因为这些时间段读者有足够的时间来阅读，白天推送内容，适合做产品的促销，当时顾客就可以订购产品，带来产品真正的销售。

（3）企业先学好服务500个、1000个微信客户，用户多少不代表营销能力，仅仅是一个数量，用户的互动价值和关注价值才是微信营销的核心，多创造和用户沟通的话题，让整个公众账号活跃起来。

（4）水不流动就会变成死水，微信公众账号没有活跃度就是一个死号，如果内容编辑三天打鱼两天晒网，该微信公众号就没有任何价值。

（5）微信营销要结合当地市场的消费观、地理文化、地域文化等，企业应该为行业带来独立的见解，推动行业发展，以服务顾客为导向。

（6）重视互动，因为微信不像微博，可以吸引大量的人转发和评论，只有通过与顾客的沟通来取得顾客的信任。

（7）在准备营销产品之前，做好整个产品营销策划，推送的内容最重要，因为内容会直接影响读者的购买，内容预热是最好的方法。预热多久也十分重要。

扫一扫，收听“【罗辑思维每日微信语音】——领导力的一个示范”。

五、论坛营销

（一）论坛营销含义

论坛营销是以论坛为媒介，参与论坛讨论，建立自己的知名度和权威度，并顺带推广产品或服务。论坛营销可以成为非常有效果的网络营销手段。论坛也叫社区、BBS。论坛平台的最大特点就是互动与交流。

（二）论坛营销应注意以下问题

1. 要找到目标市场高度集中的行业论坛

论坛都是按行业或兴趣来建立的，有一些主题高度集中，有一些相当松散。在进行论坛营销时，主题越集中效果越好。如果你推销的是SEO、虚拟主机、网站建设等，站长聚集的论坛是个好地方。

2. 不要发广告，也不要发软文

论坛里的用户对发广告、发软文已经司空见惯，不要认为你的广告或软文能引起他们的注意。在论坛中不发广告是基本的礼节，很多论坛会员很排斥发广告或发软文的行为，有的论坛有可能会进行封号处理。

3. **参与论坛，帮助会员，建立权威**

你应该在论坛中积极参与讨论，注意看其他会员有什么疑难问题，如果你能解决，就积极回答。久而久之，大家通过帖子看到你的专业与热心，自然会在大家心目中建立起一个权威形象。这时你所推广的产品或服务，也会被大家所信任。

4. **论坛签名是推广的场所**

唯一可以推广产品服务或网站的地方，就是论坛签名。所以签名要有个性，让人过目难忘。

如果论坛允许留签名链接就留，不允许留，也没有大的妨碍，会员可以通过短消息联系你。只要你的帖子真的被大家接受，只要大家觉得你够专业、够热心，就会有人点击签名中的链接。你签名中如果提到你的产品或服务，就会有人和你联系。

5. **在签名中营销**

主题集中的论坛比较容易做营销。在你的签名中清楚简洁地写出服务和产品及优惠价格。或者在网站上专为某个论坛的会员做一个网页，上面写清“欢迎某某论坛的会员来到我们的网站，我们有专为某某论坛会员的特殊优惠”等。然后在签名中链接此网页。

实例5-4　中小企业操作论坛营销的基础步骤

1. 中小企业首先要有在全国各大知名专业性网站的注册账号，即马甲。
2. 中小企业每个论坛的马甲要不低于10个，这是保证前期预热的条件。
3. 中小企业在各大型论坛要有专门的人员管理账号、发布帖子，回帖等。
4. 中小企业策划的题目要新颖，也就是有创意性，有一定的创意性才会吸引读者。
5. 中小企业策划的题目要能吸引眼球，即标题要有一定的号召性、能吸引读者。
6. 中小企业策划的内容一定要具有一定的水准，网友看了之后觉得有话要说才行。
7. 中小企业人员要积极参加回复、鼓励网友，也可以用自己的马甲回复。
8. 中小企业人员要正确地引导网友的回帖，不要让事件朝相反方向发展。
9. 中小企业要仔细监测其带来的效果，同时注意改进。
10. 中小企业要及时与论坛管理员沟通和交流，熟悉各大论坛的管理员和版主有助于论坛营销的开展。

六、公共关系营销

公共关系营销即社会市场营销，这是20世纪70年代末脱颖而出的、极富有生命力的市场观念，也是“感性消费观念”“明智消费观念”“生态强制观念”“社会公众利益观念”的综合。

在公共关系营销阶段，企业除了继续使用传统的促销手段之外，越来越重视把以提高企业形象和信誉为主要内容的公共关系促销活动，作为现代企业市场营销活动的重要手段。企业形象作为一种极为宝贵的营销资源，已成为营销策略的重要组成部分。

根据公共关系营销观念，企业在制订及实施其市场营销政策时，必须顾及企业利润、消费者需求和社会公益三方面的内容，忽视任何一个方面，都会给企业的发展带来严重影响。

市场需求是企业不可控的外部因素，应视不同的需求动态，采取不同的公共关系营销策略。

（一）刺激性营销策略

企业产品和劳务在无需求条件下，公关部门应根据市场动态反应，加强宣传型和矫正型公关工作，提高产品竞争力，为企业创造营销条件。

（二）扭转性营销策略

由于企业信誉不高，信息传递不灵，价格政策不当等而导致低需求条件时，应以优质服务为宗旨，同时扩大信息传播，促进需求。

（三）开发性营销策略

在消费公众有潜在需求的条件下，应开展宣传性公关工作，使潜在变化知晓公众，再开展进攻性公关工作，使知晓公众变为行动公众。

（四）再次性营销策略

当竞争对手相继进入同一市场，消费公众兴趣开始转移时，应运用传播媒介，强化企业和产品形象，形成良好的公共舆论，保持市场份额和占有率。

实例5-5　国内外走心营销盘点：引爆话题的六大经典案例

一、把握时机融入场景，巧借移动营销优势

1. 案例：飞鹤“爱·没有距离”

飞鹤乳业通过深入挖掘春运期间“用户候车时间长，场景化用网行为突出”的特点，根据腾讯提供的春运人流数据分析，联手移动、电信两大运营商，共享中国30万基站，实现城市机场、火车站、商圈等地流量全覆盖，让每个人都能在机场、候车站和商圈等地免费使用网络拉近与家人、朋友的距离。借助腾讯网、手机QQ、腾讯新闻、腾讯新闻客户端、腾讯视频等全平台资源，飞鹤乳业全力助推“爱·没有距离”活动预热宣传，不仅实现了多平台立体化传播，而且实现了互动平台的无缝隙连接。简单的流程及流畅的体验，引起用户移动端多频次主动传播，用户直呼“方便、过瘾、省话费”，其“走心”的方式获得全民热捧，成功打响新年移动营销的头炮。

而作为承载活动的主角——腾讯手机QQ，则贯穿活动始终，持续加载飞鹤H5(HTML5）互动页面，引导网友寄送以飞鹤形象为主题的“鹤”卡，助推活动信息传播。活动期间的10天，飞鹤送出1.6亿份免费Wi－Fi（行动热点），近300万人向亲朋好友寄送了“鹤”卡，飞鹤《爱·没有距离》主题微电影的播放量超过1800万，引发春运期间移动端互动新高潮，巧妙地将用户需求转化为品牌声量。

最终，该案例在第22届中国国际广告节上，摘得中国广告长城奖的“知名品牌奖”以及腾讯智慧营销奖的“最佳无线应用奖金奖”两项大奖。

2. 案例：大众“电影院惊魂，开车别看手机”

如今，手机已经完全融入了我们的生活，因为开车看手机酿成的交通事故也在逐年递增。如何有效地向人们强调“开车看手机的危害”，大众的互动广告让人印象深刻。

香港大众汽车为了宣传“开车别看手机”这一公益主题，购买了电影院影片开播前的广告位，播放了一段第一视觉汽车的前进画面，再用LBS（基于位置的服务）技术推送短信给现场观众。当观众听到短信提示音后，都纷纷拿起手机查看，而这时电影屏幕中的汽车也发生了事故。在最后的画面中，大家看到提示“玩手机是当前交通事故的重要发生原因，珍惜生命，勿玩手机”。让大家不再以旁观者的视角而是作为第一人来观看影片，效果十分震撼。

点评：移动互联网的快速发展为场景化互动营销提供了温润的土壤。移动技术是拉近与消费者的距离并形成有效互动的关键，以上两个案例中所使用的，都是每一个用户在生活中经常用到的移动应用和场景。因为与生活息息相关，才能让营销更加贴近生活、融入生活，才容易抓住用户的注意力，赢得用户的心。

二、洞察用户心理，回归情感互动

1. 案例：潘婷“内心强大、外在闪耀”

品牌如何拉近与目标群体的关系并获得他们的认同？首先需要了解你的用户，通过运用智慧数据特有的“洞察力”，腾讯帮助潘婷对其目标人群——年轻女性进行深入分析，挖掘出了这些年轻女性的共性：渴望内心强大，活出漂亮的心境。同时，根据标签将目标人群分为白领、年轻妈妈、“90后”三个代表性群体。根据受众群体推送相应主题微电影，实现精准沟通，获得强共鸣。

此外，借助腾讯强大的社交影响力，潘婷将移动生活中常见的点赞行为融入互动，受众观看微电影后可在PC端或扫描二维码进入移动端，录取指纹制作心意卡向身边的女性好友献赞，新颖跨屏互动引发用户积极参与和朋友圈传播热潮；最后，“向女性献赞”系统勋章上线，吸引用户通过活动网站或登录腾讯微博点亮勋章，表达了对潘婷精神的认同。

层层递进的营销流程让潘婷能够渐进式地推进受众行动，逐步接受与认可品牌理念。最终，品牌微电影播放总量超过3000万次，获得点赞超千万，也让潘婷在年轻女性中的购买意向度提升了3%。

2. 案例：奇瑞M7春节“抢7夺爱”

奇瑞在新款汽车艾瑞泽M7上市之际，抓住春运回家难的社会痛点，并借助腾讯智慧数据分析了春运回家人群对经济实惠、大空间汽车的心理需求。从用户需求出发，随即发起“抢7夺爱”活动，为亿万网友提供返乡的另一种选择。活动中充分融入艾瑞泽M7的产品特点——空间大和驾乘的舒适性，并借助腾讯视频App高流量、高点击量的优势，通过闪屏广告有效截留用户，引流转化高出平均值三倍，有效推广了M7新车。

值得关注的是，为了配合此次营销，奇瑞在移动端发起“抢车座”活动，让用户呼唤朋友帮忙抢得免费送回家的机会并抽取滴滴红包大奖。巧妙的机制带动社交传播高潮，抢车人数高达70多万，通过活动为品牌提供了有效的购车意愿。

点评：对于一次成功的“走心”营销而言，深入洞察用户的心理，回归情感是必不可少的。其中，大数据在精准锁定目标人群、洞察用户心理方面，发挥了非常“智能”的作用。在潘婷和奇瑞的案例中，品牌通过数据分析锁定目标用户，深入挖掘用户心理进行差异化传播完成“对症下药”，能有效触动受众内心，随之将品牌核心理念进行渗透。在提升自身品牌的认知及美誉度的同时，也将营销事件上升到具有社会影响力的层面，实现真正的“走心”营销。

三、聚焦人文关怀，传递社会正能量

1. 案例：可口可乐“一个能打电话的瓶盖”

小瓶盖大创意，可口可乐频频在瓶盖上做文章，并且屡试不爽。继昵称瓶、歌词瓶后，可口可乐又玩出了“能打电话的瓶盖”。为解决迪拜当地南亚劳工打不起电话的困境，可口可乐开发了一款可以用可乐瓶盖当电话费的电话亭装置，把这些电话亭放到工人们生活的地区，每一个可口可乐瓶盖都可以免费使用3分钟的国际通话费。

一个瓶盖能打电话？说出来你绝对不会相信，而在成千上万的南亚劳工心中，他们平均一天只有6美元的收入，可打电话给家里的费用是每分钟0.91美元。为了节省每一分钱，这些外来务工人员都不舍得打电话回家，可口可乐的瓶盖却满载着温馨、幸福和牵挂。

2. 案例：“A Man on the Moon（月球上的孤独老人）”

与春节一样，每年圣诞节也是众多商家营销的重要节点。2015年，被美誉为最会拍广告的英国百货公司John Lewis（约翰·李维斯）在YouTube（油管）发布了万众期待的2015年圣诞广告“A Man on the Moon”。不到三天时间，该视频在YouTube上的观看量已经接近1000万。据了解，英国百货John Lewis每年圣诞节都会推出一则圣诞节广告，2013年熊的故事，2014年企鹅与小男孩的故事，几乎每一年的广告都能引起无数人的追捧。

在2015年的这则广告中，我们不难发现John Lewis的关注点聚焦于那些孤独的老人。与此同时，作为这次圣诞营销“战役”的一部分，John Lewis还与英国专门为老人服务的慈善机构Age UK合作，承诺凡是人们在John Lewis商店为老人购买圣诞礼物的销售收入会全数捐给Age UK，用于改善英国当地老人的生活。此外，John Lewis还发布了一个名为“A Man on the Moon”的App，其中通过AR（虚拟增强现实）技术可以让用户看到清晰的月亮，受到众多粉丝的热捧。

点评：优质的营销，除了创意，更绝妙的是将企业的社会责任和人文关怀融入其中，向社会传递满满的正能量。一瓶可乐真的没什么，但和与家人的通话联系在一起，意义就大不相同了。可口可乐基于新、奇、益三者架构出一种强烈的情感品牌形象塑造，让参与者产生强烈的关联，以在心灵上的深度刺激来达到深度互动。而John Lewis每年高水准圣诞广告的传统以及公益主题的跨界合作，将这家英国老牌百货公司亘古不变的主题——“爱”传递给更多的人，做到打动人心。

课题二　了解网络营销常用的方法

本课题的目标是在了解网络营销常用工具的基础上，掌握网络营销的常用方法。本课题主要包括以下方面：

- 交换链接
- 病毒性营销
- 信息发布
- 会员制营销
- 个性化营销
- SNS营销
- B2B互动式营销

以下分别讲解这些内容的操作要点。

一、交换链接

（一）交换链接的含义

交换链接或称互惠链接，是具有一定互补优势的网站之间的简单合作形式，即分别在自己的网站上放置对方网站的Logo或网站名称并设置对方网站的超级链接，使得用户可以从合作网站中发现自己的网站，达到互相推广的目的。

交换链接的作用主要表现在以下几个方面：获得访问量、加深用户浏览时的印象、在搜索引擎排名中增加优势、通过合作网站的推荐增加访问者的可信度等。更重要的是，交换链接的意义已经超出了是否可以增加访问量，比直接效果更重要的在于业内的认知和认可。

（二）交换链接的注意事项

1. PR（Page Rank，网页级别）值

在刚开始进行交换链接的时候，往往对交换方的流量有要求，其实流量并不重要，重要的是PR值，要多找PR值高的网站交换链接。

2. 链接站的类别

在交换链接的时候，一定要找自己的同类网站，这样有利于搜索引擎的收录和排名。

3. 注意质量

链接并不是越多越好，要注意质量。如果交换方的网站，PR值很高，但是链接很多（如超过50个），PR值平均到每个网站上很少，那意义也就不大了，交换方的链接越少越好。

4. 不要和作弊网站交换链接

不要和作弊网站交换链接，特别是被百度、谷歌屏蔽的网站（这些网站网页收录数目往往都是0。注意：谷歌更新收录数目通常要1个月的时间，百度20～30天更新一次）。

5. 使用链接交换平台

使用链接交换平台交换链接，可以省时、省力、省心。

6. 应该考虑友情链接在搜索引擎中的收录数量和反向链接

如果一个网站的PR值能达到5甚至5以上，但是收录数量或者反向链接很少，那就需要考虑该网站是否是运用PR劫持的作弊手段来获得高PR值的。

7. 注意链接被百度降权

如果链接被百度降权，那么网站可能会受到牵连。所以在交换链接的时候，需要查看网站在百度的收录数量，如果收录数量只有1的话，很有可能是被百度降权。另外，还需查看网站首页在百度的快照日期，如果快照日期超过一个星期甚至更长时间，那么这个网站有可能被百度降权。

二、病毒性营销

（一）病毒性营销含义

病毒性营销并非真的以传播病毒的方式开展营销，而是通过用户的积极性和人际网络，使信息像病毒一样传播和扩散，利用快速复制的方式传向数以千计、数以万计的受众。病毒性营销的经典范例是Hotmail。现在几乎所有的免费电子邮件提供商都采取类似的推广方法。

（二）常见的病毒性营销形式

1. 通信服务类

提供免费通信工具，形成用户圈，这个圈子自动扩大形成规模，如ICQ、免费E-mail等。

2. 优惠服务类

转发在线优惠券、转发商品信息短信等。

3. **实用功能型**

免费实用软件、免费在线查询（域名查询、邮政编码查询、手机号码属地查询、IP 属地查询等）、在线评价等。

4. **免费信息类**

适合转发和下载的情感故事、幽默故事、贺卡、Flash、视频、电子书、流行歌曲等。

实例 5-6　病毒性营销案例——“反手摸肚脐”

“反手摸肚脐”火爆整个国内社交网络，从微博到微信都在热议，网友的亲身实践也催生了无数段子和笑料。然而，这个引发了病毒式传播的事件却纯属虚构，所谓的“美国科学家研究”根本就不存在，“反手摸到肚脐”就等于好身材也完全没有科学根据，网友跟风验证也无法得到什么科学的结果，最终也只能以此证明自己是“炫腹”一族还是“腹愁”一派而已。

而在被揭底之后，这起事件就如某些以“专家”“老中医”等为噱头进行虚假炒作的概念一样，变得有些可笑了。

随着国内社交媒体的盛行，各种目的不明的流言时有发生，而大部分阅读者在对其进行二次传播时并不会核实。这样只要话题足够吸引人，即使内容不实，也会引发病毒性传播。

三、信息发布

信息发布既是网络营销的基本职能，也是一种实用的操作手段，通过互联网，不仅可以浏览大量商业信息，还可以发布信息。最重要的是将有价值的信息及时发布在网站上，以充分发挥网站的功能，比如新产品信息、优惠促销信息等。

四、会员制营销

（一）会员制营销的含义

会员制营销又称“俱乐部营销”，是指企业以某项利益或服务为主题将用户组成一个俱乐部形式的团体，通过提供满足会员需要的服务，开展宣传、销售、促销等活动，培养企业的忠诚顾客，以此获得经营利益。

会员制营销已经被证实为电子商务网站的有效营销手段，国外许多零售型网站都实施了会员制营销，覆盖了很多行业。国内的会员制营销还处于发展初期，不过已经看出电子商务企业对此表现出的浓厚兴趣，作为中国电子商务旗帜的北京时代珠峰科技发展有限公司推出的“U-Shop（U 店）”就是一种会员制营销的形式。现在，北京西单电子商务有限公司网上商场同样采用了这种营销思想，不过在表现形式上有一定的差别。

实例5-7　会员制营销由亚马逊公司首创

一般认为，会员制营销由 Amazon（亚马逊）公司首创。因为 Amazon 于 1996 年 7 月发起了一个“联合”行动：一个网站注册为 Amazon 的会员（加入会员程序），然后在自己的网站放置各类产品或标志广告的链接以及亚马逊提供的商品搜索功能，当该网站的访问者点击这些链接进入 Amazon 网站并购买某些商品之后，根据销售额的多少，Amazon 会付给这些网站一定比例的佣金。从此，这种网络营销方式开始流行并吸引了大量网站参与——这种方式被称为“会员制营销”。

（二）会员制营销的基本原理

如果说互联网是通过电缆或电话线将所有的电脑连接起来，从而实现资源共享和物理距离的缩短，那么，会员制营销则是通过利益关系和电脑程序将无数个网站连接起来，将商家的分销渠道拓展到地球的各个角落，同时为会员网站提供了一个简易的获利方式。

会员制营销听起来似乎很简单，但是在实际操作中要复杂得多。因为，一个成功的会员制营销涉及网站的技术支持、会员招募和资格审查、会员培训、佣金支付等多个环节。简单来说，亚马逊在 1996 年 7 月的“联合”行动已经描述了会员制营销的基本原理。

从会员制营销的基本思路可以看出，一个会员制营销程序应该包含一个提供这种程序的商业网站和若干个会员网站，商业网站通过各种协议和电脑程序把各会员网站联系起来，因此，在会员制营销中存在一个双向选择的问题，即选择什么样的网站作为会员以及会员如何选择商业网站的问题。

（三）会员制营销的功能

①会员制营销最主要的优点是为企业培养众多忠实的顾客，建立起一个长期稳定的市场，提高企业的竞争力。

②会员制不但可以稳定老顾客，还可以开发新顾客。

③会员制营销能够促进企业与顾客双向交流。

实例5-8　选择会员制营销的基本原则

电子商务顾问 Ralph F. Wilson（拉尔夫 · F. 威尔逊）博士认为，如果你的网站因为营销活动而带来较多的访问量，那么可以考虑采用会员制营销来争取更多的访问量，在选择会员制程序时，有六条需要关注的基本原则。

1. 是否与自己网站的核心业务内容有关？
2. 是否可以将会员制程序集成到自己的网站内容中去？

3. 是否与网站访问者的兴趣有关？

4. 是否考虑到会员网站的需要？

5. 是否可以反映出自己网站的价值？

6. 是否可以取得较好的效果？

五、个性化营销

个性化营销的主要内容包括用户定制自己感兴趣的信息内容、选择自己喜欢的网页设计形式、根据自己的需要设置信息的接收方式和接受时间等。

个性化服务在改善顾客与企业间的关系、培养顾客忠诚度以及增加网上销售方面具有明显的效果。据本文研究者研究，只有在为了获得某些个性化服务、个人信息可以得到保护的情况下，用户才愿意提供有限的个人信息，这是开展个性化营销的前提。

六、SNS 营销

SNS 是一种网站病毒式的营销功能，可以通过网站的某一个会员邀请他的朋友成为这个网站的用户，而且把这种邀请利益化和目的化。例如，“hao123”网站首页曾有“如果你觉得网站好，那么请你告诉 QQ 上的朋友哦”这样的文字，虽然在网站上有这样的语句，但没有利益和目的驱动，较少有用户真的把网站发给朋友看，而 SNS 就把这句话做成网站的一个功能，让一个会员可以因为某种目的和利益帮助网站推广。所以，SNS 对于新一代的网站来说，首先体现的是一种营销方式。

SNS 是一种加强网站会员内部沟通的功能。以前的网站会员服务，都是一种单向、独立的会员服务，基本没有体现会员与会员之间的沟通，最多也就是有一个“我的好友”的列表功能，而没有把“我的好友”的内容进一步体现出来。而 SNS 开放了朋友列表的进一步内容，从这方面来说，SNS 是一个基于立体多维空间的沟通。

单纯的、基于人的 SNS 比较难产生盈利，SNS 想要盈利必须应用到具体的行业。目前国内可以归入 SNS 的网站中，联络家是一个单纯的基于人的 SNS，优友地带是一个基于博客的 SNS，豆瓣是一个基于图书、电影等的 SNS，还有一些类似 UUme（友友觅）基于约会交友的 SNS，可以看到，除了豆瓣把 SNS 融入图书、电影等载体外，其他网站基本还是基于人际关系来发展 SNS。

七、B2B 互动式营销

B2B 互动式营销的基础是中小企业的 B2B 商铺，强调的是供应和采购双方需求的即时互动。

中小企业利用网络推广销售企业产品和服务已成了企业在互联网信息时代必要的选择和重要的途径。

国内最大的专业 B2B 商贸搜索引擎“一呼百应”对国内 10000 多家中小企业主进行的关于网络营销应用状况的调查显示，越来越多的中小企业开始积极地尝试利用网络推广销售企业产品和服务，并且不少企业已经得到了网络营销所带来的显著回报。94%的中小企业接入互联网，67%的中小企业主认为网络营销推广效果对公司线下销售的影响显著。70%的中小企业主认为网络营销对他们业务的促进非常重要或比较重要。

可是，并不见得所有的企业利用网络营销手段都能取得理想的效果，经常听到一些中小企业抱怨，现在网络营销的支出已经越来越大，效果回报越来越差，有时满怀希望的投入，得到的效果却并不理想。

对此，从事了多年网络营销中小企业服务研究的“一呼百应”创始人戴森先生分析：造成这种结果的主要原因是一些中小企业对网络营销缺乏足够的认识，对开展网络营销的定位和目的不清楚以及不知道如何选择适合自己企业的网络营销推广方式。

随着电子商务在我国的发展，中小企业网络营销应用的趋势将从搜索引擎广告排名类的广告式推广营销转变为中小企业 B2B 服务应用类的 B2B 互动式营销。

企业 B2B 商铺可以看作中小企业在互联网上这个超级批发大市场里免费的铺面，企业只要在商铺里摆好要销售的产品，采购商自然会通过这个超级批发市场的入口——B2B 搜索引擎来到超级市场，企业不用推广自己的商铺也无须担心采购商会不会上门。

B2B 商铺应用技术，还会对网上供应和采购产品的用户信息进行智能匹配，企业可以第一时间得到采购信息，主动联系采购商洽谈生意。

另外，B2B 采购商一般主要是一些产品生产型和贸易型商家，采购的东西基本以生产产品的原材料和批发贸易产品为主，采购的需求大多是长期、持续的，因此商铺用户只要抓住机会并促进交易顺利进行，就有了再次合作的机会。

扫一扫，查看“优衣库春节 O2O 营销案例”。

任务总结

本章通过某公司电子商务部网络营销人员对网站和产品推广任务，讲述了网络营销的搜索引擎、在线客服、博客营销、论坛营销、公共关系营销等常用的网络营销工具的使用和交换链接、病毒性营销、信息发布、会员制营销、个性化营销、SNS 营销、B2B 互动式营销等网络营销方法的含义。

EQ驿站

马太效应

一位主人将去国外远行，临走之前，把仆人们聚集起来，并根据每个人的才干，把财产委托他们保管：给第一个仆人五个塔伦特（注：古罗马货币单位），给第二个仆人两个塔伦特，给第三个仆人一个塔伦特。拿到五个塔伦特的仆人把它用于经商，并且赚到了五个塔伦特。同样，拿到两个塔伦特的仆人也赚到了两个塔伦特。拿到一个塔伦特的仆人却把主人的钱埋到了土里。过了很长时间，主人回来了。拿到五个塔伦特的仆人，带着另外五个塔伦特来到主人面前，说："主人，你交给我五个塔伦特，请看，我又赚了五个。""做得好！你是一个对很多事情充满自信的人，我会让你掌管更多的事情。现在就去享受你的土地吧。"同样，拿到两个塔伦特的仆人，带着另外两个塔伦特来了，他说："主人，你交给我两个塔伦特，请看，我又赚了两个。"主人说："做得好！你是一个对一些事情充满自信的人，我会让你掌管很多事情。现在就去享受你的土地吧。"最后，拿到一个塔伦特的仆人来了，他说："主人，我知道你想成为一个强人，收获没有播种的土地。我很害怕，于是把钱埋在了地下。看那里，那儿埋着你的钱。"主人斥责他说："又懒又缺乏智慧的人，你既然知道我想收获没有播种的土地，那么你就应该把钱存在银行家那里，当我回来时能连本带利地还给我。"然后他转身对其他仆人说："夺下他的那个塔伦特，交给那个赚了五个塔伦特的人。""可是他已经拥有十个塔伦特了。""凡是有的，还要给他，使他富足；但凡没有的，连他所有的，也要夺去。"

20世纪60年代，知名社会学家莫顿首次将"贫者越贫、富者越富"的现象归纳为"马太效应"。所以，当可利用资源有限时，必须将时间、精力、才能、金钱等投入到最有希望获胜的"战场"，确立自己在这一领域的优势地位。换句话说，企业营销就是要把握"抑弱扶强"的原则。

检测练习

扫一扫，查看任务五的课后习题。

任务六　网上市场调查与信息发布

任务提出

小李毕业后，应聘到某公司电子商务部，负责企业网络商务信息的收集、整理、储存和发布。为了更好地完成工作，小李必须了解网络商务信息的含义及每一步骤中所要注意的问题。假如你是小李，你打算怎么做?

任务分析

要想很好地完成工作，应以网络信息为主线，围绕网络商务信息的收集、整理、储存、发布展开。因此，本次任务涉及如下内容。

1. 网上市场调查与传统调查的区别

网上市场调查对于传统调查而言是一个全新的方法，因此本次任务要先了解网上市场调查的含义及网上市场调查与传统调查的主要区别。

2. 网上市场调查有哪些

网上调查的对象和方法不是唯一的，因此要了解网上市场调查的分类。

3. 如何充分发挥网上市场调查的优越性，提高网上市场调查的质量

为使消费者访问企业站点，并乐于接受企业的调查询问，善意而又真实地发回反馈信息，市场调研人员必须研究调查策略，这样才能充分发挥网上市场调查的优势，提高网上市场调查的质量。

4. 如何处理网络商务信息

网络商务信息要经过收集、保存、整理和加工处理，在形成新的，有效的网络商务信息后，利用工具把它发送到网络上去。

任务分解

为了完成以上内容，可以把本任务分解成如下两个课题。

课题一：对网上市场调查的理解

课题二：对网络商务信息的理解

下面分别对这些课题的目标进行确认，并对其实施给予理论和实践上的指导。

课题一　对网上市场调查的理解

本课题的目标是通过理解网上市场调查，掌握如何通过网上市场调查收集网络商务信息。通过对课题的分析，可以确定在这个课题的前期准备工作中，要查找的信息主要包括以下几个方面：

- 网上市场调查的概念
- 网上市场调查的分类
- 网上市场调查的策略

以下分别讲解这些内容的操作要点和方法。

网上市场调查能促使企业生产出满足市场需求的产品并提供相应服务，及时调整营销策略。互联网为市场调研提供了强有力的工具，在国际上许多公司都利用互联网和其他一些在线服务工具进行网上市场调查，并取得满意的效果。

一、网上市场调查的概念

网上市场调查是指在互联网上针对特定营销环境进行简单调查设计、收集资料和初步分析的活动，为企业的网上营销决策提供数据支持。

与传统的市场调查一样，进行网上市场调查，主要是探索以下几个方面的问题：市场可行性研究、分析不同地区的销售机会和潜力、影响销售的各种因素、竞争分析、产品研究、包装测试、价格研究、广告监测和效果研究、企业形象、消费研究和市场性质动态变化分析等。

二、网上市场调查的分类

网上市场调查可按调查对象和调查方法分类。

（一）按调查对象分为三类

1. 企业产品的购买者

他们可以通过网上购物的方式来访问公司站点，企业可以通过互联网来跟踪购买者，了解购买者对产品的意见和建议。

2. 企业的竞争者

企业可以通过互联网进入竞争对手的站点，查询面向公众的所有信息，例如，年度报告、季度评估、公司决策层个人简历、产品信息、公司简讯等。通过分析这些信息，企业可以准确把握自身优势和劣势，及时调整营销策略。

3. 企业合作者和行业内的中立者

这些企业可能会提供一些有价值的信息和评估分析报告。

在市场调查过程中，应兼顾这三类对象，但也必须有所侧重。特别在市场激烈竞争的今天，对竞争者的调查显得格外重要，竞争者的一举一动都应引起企业的高度重视。

（二）按调查方法分为两类

1. 网上直接调查

网上直接调查是指通过由企业或其他机构利用互联网，直接采用问卷调查等方式收集一手资料。某机构组织调查“我国 Internet 现状与发展”就是在网上利用问卷直接进行调查，这种方式称为网上直接调查。

2. 网上间接调查

网上间接调查是利用互联网的媒体功能，从互联网收集二手资料。由于越来越多的传统媒体，如报纸、杂志、电台等，还有政府机构、企业等也纷纷上网，网上成为信息海洋，信息蕴藏量丰富。发掘有价值的信息已成为网上间接调查的重心。

三、网上市场调查的策略

网上市场调查的策略主要包括识别企业站点的访问者并激励其访问企业站点、利用企业站点进行网上市场调查及利用第三方网站开展网上市场调查。

（一）识别企业站点的访问者并激励其访问企业站点

传统市场调查对调研对象都有一定的针对性，而网上市场调查却没有空间等方面的范围，一切都是随机的。调查人员既无法预期谁是企业站点的访问者，也无法确定调查对象样本，即使是对于在网上购买企业产品的消费者，确认其身份、职业、性别、年龄等也是一个复杂的问题。因此，网上市场调查的关键之一是如何鉴别并吸引更多的访问者，使他们有兴趣在企业站点上进行双向的网上交流。

1. 利用电子邮件或来客登记簿获得市场信息

电子邮件和来客登记簿是互联网上企业与顾客交流的重要工具与手段。电子邮件可以附有表单，访问者可在表单界面上点击相关主题并且填写附有收件人电子邮件地址的有关信息，然后发回企业。来客登记簿是让访问者填写并发回给企业的表单。通过电子邮件和来客登记簿，顾客可以了解企业的情况，而企业的市场营销调查人员也可获得相关的市场信息。

比如，在确定访问者的邮编后，就可以知道访问者所在的国家、地区等地域分布范围；对访问者回复的信息进行分类统计，就可以进一步对市场进行细分，而市场细分是企业制定营销策略的重要依据之一。

2. 要求访问者通过注册个人信息进入主页

如果企业向访问者提供大量有价值的信息和向访问者承诺免费使用软件，要求访问者通过注册的方式进行调查，则要鼓励访问者进入本网站并下载免费软件时提供个人信息；如果是通过网上论坛、新闻组的方式进行的调查，可以让参与者先注册再进入相应栏目。

3. **给访问者奖励以激发其参与调查的积极性**

加大信息维护与信息安全的保障力度。一般的网络访问者可能担心信息被泄露而发回不准确的信息，为此企业可根据实际情况，给访问者一定数量的奖品或给一定的折扣优惠，并且向访问者保证其自身信息的安全性，就可获得比较真实的信息。同时，当访问者按要求回复调查问卷，企业应对其结果进行公告，访问者会在个人计算机上收到证实企业收到问卷的公告牌，被公告的访问者在一定期间内还可进行抽奖。

（二）利用企业站点进行网上市场调查

企业站点调查是将调查表和调查问卷放置在企业的网络站点上，由访问者自愿填写。

1. **根据调查对象科学地设计调查问卷**

要根据调查对象设计调查问卷。如调查对象是产品的使用者，问卷内容应以产品质量、使用状况与感受、售后服务等为主；如调查对象为产品的购买者，则以价格、性能、外观、对产品的了解程度为主。这就要求调查时，将调查对象进行角色细分，充分了解市场需求，使调查问卷的问题有针对性。

一个成功的调查问卷应具备两个功能：一是能将所调查的问题明确地传达给访问者；二是设法取得对方的合作，使访问者可以真实、准确地回复。但在实际的调查中，由于被调查者的情况存在差异，调查人员的专业知识和技术水平不同等，调查结果显现出较大差异。

另外，调查问卷的设计应遵循以下原则。

第一，目的性原则。即询问的问题与调查主题密切相关，重点突出。

第二，可接受性原则。即被调查者回复哪一项、是否回复有自己的自由，故问卷设计要容易让被调查者接受。

第三，简明性原则。即询问内容要简明扼要，使被调查者易读、易懂，而且回复内容也简短省时。

第四，匹配性原则。即要使对被调查者回复的问题便于检查、数据处理、统计和分析，提高网上市场调查工作的效率。

扫一扫，查看“网上市场调查问卷的编写与发布”。

2. **监控在线服务**

营销调查人员可通过监控在线服务，了解访问者主要浏览哪类企业、哪类产品的主页，挑选和购买哪种产品等情况。通过对这些数据进行研究分析，营销人员可对顾客的地域分布、产品偏好、购买时间以及行业内产品竞争态势做出初步的判断和估价。

3. **调整调查问卷内容以吸引访问者**

与传统的市场调查问卷相比，网上市场调查的最大优势是可以方便地调整、修改调查问卷上的内容，可以实现不同调查内容的组合，如产品的性能、款式、价格及网络订购的程序、如何付款、如何配送产品等。找出哪些因素对访问者来说是最关心和最敏感的，进而调整调查问卷的内容，使调查主页对访问者更具吸引力。

4. **有针对性地跟踪目标顾客**

市场调查人员在互联网上通过其他途径获得了消费者或潜在消费者的电子邮件地址，则可直接使用电子邮件向他们发出有关产品和服务的询问，请求他们回复；也可以在电子调查表中设置让顾客自由发表意见和建议的板块。通过顾客的意见和建议，调查人员可以把握产品的市场潮流及消费者的消费心理、消费爱好、消费倾向的变化，并根据这些变化来调整企业的产品结构和市场营销策略。

5. **以产品特色和服务优势吸引访问者**

如果企业市场调查人员跟踪到访问者浏览过其他企业的站点或阅读过有关杂志的产品广告主页，那么应及时发送适当的信息给目标访问者，使其充分注意本企业站点的主页，并对产品做进一步的比较和选择。如果访问者浏览过竞争企业的站点，市场调查人员则应及时做出差别化宣传，在企业站点的主页上着重描述本企业的产品特色和服务优势，通过产品特色和服务优势吸引访问者，使其尽可能在本企业站点上实现网上购买行为。

6. **传统市场调查和电子邮件相结合**

企业市场调查人员可以在各种传播媒体上，如报纸、电视或有关杂志上刊登相关的调查问卷，并公布企业的电子邮箱和网址，让消费者通过电子邮件回答所要调查的问题，以此收集市场信息。

7. **通过网上竞买掌握市场信息**

企业推出的新产品，可以通过网上竞买，了解消费者的消费倾向和消费心理，把握市场态势，从而制订相应的营销策略。

（三）利用第三方网站开展网上市场调查

如果企业自己的网站还未建好，可以利用第三方网站进行调查。这里包括访问者众多的网络内容提供商（ICP）或直接查询需要的信息。例如，惠普公司经常在一些ICP的站点上进行新产品调查。

课题二　对网络商务信息的理解

本课题的目标是通过理解网络商务信息，掌握网络商务信息的收集、整理、处理和发布的处理流程。通过对任务的分析，可以确定在这个任务的前期准备工作中，要查找的信息主要包括以下几个方面：

- 网络商务信息的概述
- 网络商务信息的处理流程

以下分别讲解这些内容的操作要点和方法。

一、网络商务信息的概述

网络商务信息是指存储于网络并在网络上传播的与商务活动有关的各种信息的集合，是各种网络商务活动之间相互联系、相互作用的描述和反映，是对用户有用的网络信息。网络是其依附的载体，信息通常指的是商业消息、情报、数据、密码、知识等。网络商务信息限定了商务信息传递的媒体和途径。只有通过计算机网络传递的商务信息，包括文字、数据、表格、图形、影像、声音以及内容能够被人或计算机察知的符号系统，才属于网络商务信息的范畴。信息在网络空间的传递称为网络通信，在网络上停留时称为存储。

二、网络商务信息的处理流程

（一）网络商务信息的收集

所谓网络商务信息收集，是指为了更好地掌握和使用网络商务信息，而对其进行的聚合和集中。

信息收集是网络营销中很重要的一步，也比较容易被大家忽视。中小企业在信息渠道方面往往依靠其在传统营销中的经验，其实互联网就是一个信息的宝库，只不过这些信息是散乱分布的。如果掌握了方法，完全可以利用互联网找到大量的商业情报、目标客户的信息和市场反应与投放效果等营销信息。网络商务信息收集的方法主要包括网上直接信息收集方法、网上间接收集方法。

网络营销离不开信息。有效的网络商务信息必须是有助于网络营销决策的信息。网络营销对网络商务信息收集的要求是及时、准确、适度和经济。

扫一扫，查看“网络商务信息的收集方法”。

（二）网络商务信息的保存

信息的保存就是把获得的大量信息用适当的方法保存起来，为进一步的信息加工处理、正确地认识和利用这些信息打基础。信息保存的方法主要是根据信息提取频率和数量，建立一套符合需要的信息库系统。

（三）网络商务信息的加工

所谓信息加工，是指把收集来的大量原始信息进行筛选和判别、分类和排序、计算和研究、著录和标引、编目和组织，使之成为二次信息的活动。

信息加工有以下步骤。

1. 去伪存真，去粗取精

在大量的原始信息中，不可避免地存在着一些不实信息，只有认真地筛选和判别，才能避免出现信息真假难辨的情况，从而使企业避免在信息传递和使用中误人害己，造成重大损失。

2. 分类排序，规则系统

收集来的信息呈一种原始状态，这种信息是一种初始的、凌乱的、孤立的信息，无法存储、传递和使用。只有把这种零次信息进行分类和排序，使之成为规则的、有序的、系统的二次信息，才能存储、检索、传递和使用。

3. 分析研究，综合创新

收集来的信息可以经过分析比较、计算研究，提炼出新的信息。例如，通过对我国工业生产总值及国民经济总产值的核算，可以获得工业生产总值占国民经济总产值的百分比的信息；通过对新中国成立以后人口增长状况的计算研究，可以获得未来我国人口发展趋势方面的信息；通过对过去工作状况的分析研究，可以获得成功经验或失败原因等信息。

4. 著录标引，方便使用

收集来的原始信息杂乱无章，只有通过著录标引，使零次信息变成二次信息，才能便于信息的存储、检索、传递和使用。例如，一个信息中心，有世界各地信息员收集的数万条信息，其载体形式多种多样，如报纸、信纸、录像带、磁带等，如果不把这些信息用统一的规格、格式进行著录，就无法进行存储。如果不把这些经过著录的信息载体加以标识符号，同样也不能进行检索使用。

5. 目录组织，便于检索

把信息著录和标引以后，就可以很容易地把信息储存起来，但信息需求者在信息检索时，还需要一个目录组织作为检索的指南，这样可以节省很多精力和时间。例如，我们要查找一份有关粮食价格的信息，就可以根据目录组织所提供的书架号、架层号、顺序号等标引很快找到该份信息，否则很难查找到该份信息。

（四）网络商务信息的整理

信息的整理是将获取和储存的信息条理化和有序化，其目的在于提高信息的价值和提取效率，避免放置信息库中的信息滞留，发现所储存信息内部新的联系，为信息的加工做好准备。收集的和储存的信息往往是片段的、零散的，不能反映信息系统的全貌，甚至收集到的信息里面可能还有一些过时的和无用的信息。信息的整理一般有以下几个步骤。

1. 明确信息来源

在下载时，常常由于各种原因，没有将确切的网址下载下来。这时，首先应查看前后下载的文件，是否有同时下载、域名接近的文件，用这些接近的文件域名作为原文件的信息来源。如果没有域名接近的文件，应尽量回忆下载站点，以便再次查询。对于重要信息，一定要有准确的信息来源，没有下载信息来源的，一定要重新检索补上。

2. 浏览信息

互联网在线下载的文件，由于时间的限制，一般都沿用原有网站提供的文件名。这些文件名基本都是数字或字母构成的，使用起来很不方便。因此，从网上下载文件后，需要将文件重新浏览一遍，添加文件名。

3. 信息分类

从互联网上收集的信息非常凌乱，必须通过整理才能使用。分类方法，可以采用专题分类法，也可以建立自己的检索系统。前一个方法比较简便。

4. 初步筛选

在浏览和分类过程中，对信息有一个初步筛选的过程。完全没有用的信息应当及时删除。但应当注意，有些信息单独看起来没有用，但积累起来就具有一定价值。

扫一扫，查看"'中农网'商铺设置与商品信息发布案例"。

（五）网络商务信息的发布

经过加工处理，形成有效的网络商务信息后，企业可以利用电子邮件、BBS、新闻组等网络工具将商务信息发布到互联网上。网络商务信息发布可分为产品的发布（此项很多网站是收费的）、供求信息的发布、论坛信息的发布、招聘信息的发布、企业动态的发布。

1. 产品的发布

虽然很多网站产品的发布是收费的，但是它的性价比较高。对于专业网站，访问者就是抱着寻求产品或者咨询产品的心态来的，他们对产品的关注程度较高，因此被推荐到首页是一个不错的方法。同时，注册用户网站都会对广告的点击者有详细的报告，比如来自哪家企业，什么时候来访问的，企业的联系人、联系信息等，这样的信息资源对于企业来说是宝贵的。

2. **供求信息的发布**

供求信息的发布一般是免费的，但是因为免费，所以参与者众多，因而怎么样吸引访问者的眼球成了关键。从需求者的角度来看，假如我们想买一个产品或者服务，什么样的介绍最有吸引力？有以下几个值得注意的地方：第一，产品的特点及针对的客户群。比如，小巧可爱，小孩子童年的福音。第二，促销活动。比如，现在购买某某产品，享受 VIP 服务。第三，造势。比如，某某集团与某某集团联手推广。需求信息就较为简单，在需求信息前面加上一个“紧急求购”“大量求购”的字样，供应商的信息就会向你涌来。供应信息发布的关键一点就是从客户出发，从客户需求出发，从客户关注点出发。

中国企业供求网是专业免费发布信息的网站，中小企业在该网站免费注册，快速发布产品信息，免费建立企业商铺，为企业产品做宣传（如图 6－1 所示）。

图 6－1　某供求网首页

3. **论坛信息的发布**

很多论坛是不允许发布广告的，这就需要我们巧发信息。比如，签名档大家都会用，设置一个让潜在客户想要点击的信息很重要。多替客户想想，多站在客户的角度想想，假如我们是客户，我们想看什么？我们需要什么？至于发帖子也是从适当角度出发，针对自己的产品或者服务的客户群，发表相关文章，比如产品的性能比较、相关产品最新消息、相关产品优劣势等。

4. **招聘信息的发布**

发布招聘信息的目的主要是造势，可以将企业的实力展现出来，从而提升知名度。

5. **企业动态的发布**

企业动态新闻其实也可以发布产品新闻，企业的目的是为了销售产品或者服务，所以不管在何时何地，只要有机会，就可以进行企业宣传。

实例 6-1

网络商务信息的处理流程包括收集、保存、加工、整理和发布，我们可通过直接和间接两种方法获得网络商务信息，保存后对信息进行细致的加工整理，得到的有用的网络商务信息可以利用 BBS、新闻组、E-mail 等网络工具发布到互联网上。

电商派论坛作为一个电子商务的深度交流平台，用户主要都是电子商务的爱好者、学习者、从业者，大家可以在论坛上尽情发表自己的看法和意见，互相帮助，互相成长（如图 6-2 所示）。

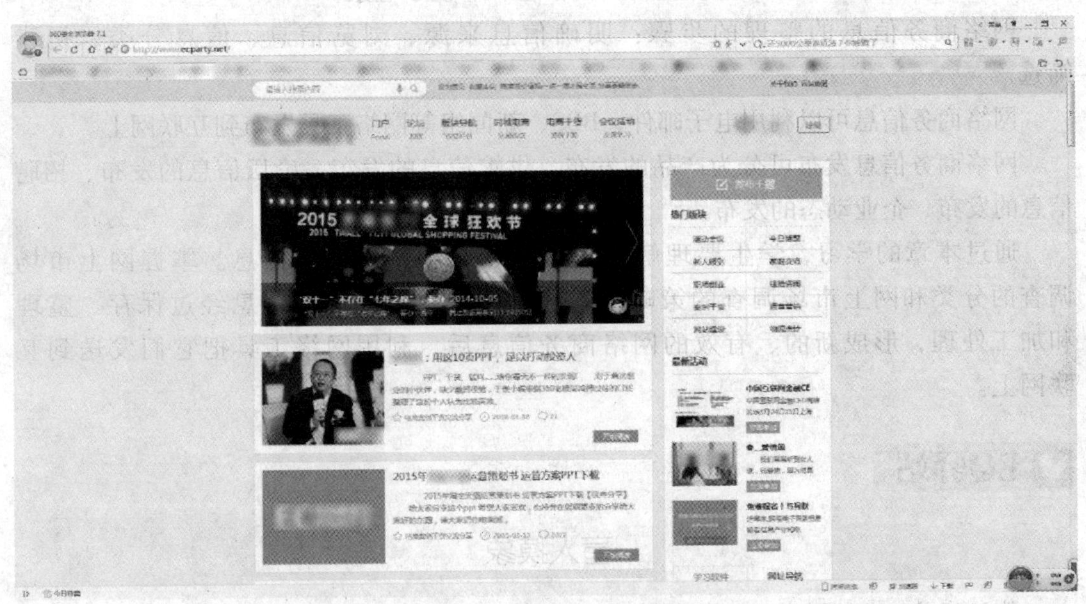

图 6-2　某论坛网站页面

打开电商派论坛网站，注册会员后登录，在论坛中查找所需信息，阅读资料，获得有用的商务信息。

对获得的商务信息进行加工整理后，进入电商派学生论坛，发表帖子，根据页面指示，填入标题和希望发表的信息。

网络商务信息的处理流程要严格遵循互联网的相关规定，通过合理、合法的方式收集网络商务信息，对商务信息的处理流程要认真、严谨，通过各种途径发布的商务信息要求真实合法，不得夸大、欺瞒。

任务总结

网上市场调查按调查对象分类，可分为企业产品的购买者、企业的竞争者、企业合作者和行业内的中立者。

网上市场调查按调查方法分类，可分为网上直接调查和网上间接调查。

网上市场调查策略包括识别企业站点的访问者并激励其访问企业站点、利用企业站点进行市场调查和利用第三方网站开展网上市场调查。

网络商务信息的处理流程包括网络商务信息的收集、网络商务信息的保存、网络商务信息的加工、网络商务信息的整理和网络商务信息的发布。

网络信息收集的方法主要包括网上直接信息收集方法和网上间接收集方法。

网络营销对网络商务信息收集的要求：及时、准确、适度和经济。

网络商务信息加工的步骤：去伪存真、去粗取精，分类排序、规则系统，分析研究、综合创新，著录标引、方便使用，目录组织、便于检索。

网络商务信息的整理的步骤：明确信息来源、浏览信息、信息分类、初步筛选。

网络商务信息可以利用电子邮件、BBS、新闻组等网络工具发布到互联网上。

网络商务信息发布可分为产品的发布、供求信息的发布、论坛信息的发布、招聘信息的发布、企业动态的发布。

通过本章的学习，学生要理解网上市场调查和网络商务信息。掌握网上市场调查的分类和网上市场调查的策略，并且可以把收集的商务信息经过保存、整理和加工处理，形成新的、有效的网络商务信息后，利用网络工具把它们发送到互联网上。

EQ驿站

盲人摸象

佛经寓言《涅槃经》里有这样一个故事，说的是国王让一群盲人去通过摸象来感知“象”这种他们不熟悉的动物然后告诉国王“象”是什么。一个盲人摸到了大象的长牙，他说，我知道了，大象就像一根大萝卜；另一个盲人听说后也上前摸，他摸到了大象的耳朵，又大又扁，正像一个大簸箕；第三个人摸的是大象的头，圆圆硬硬像块大石头；第四个人摸着大象的鼻子，说大象明明就像一根长木头；第五个人摸到了象腿，说大象像个舂米用的石臼；还有一个摸到脊背，就说大象像一张床。后两个盲人分别摸到了肚子和尾巴，于是这个说大象像水缸，那个说大象像条绳子。《涅槃经》中这个故事的本意是指佛法无边，每一个向佛之人参悟到的佛理都只是无边佛法的一个侧面，谁也不能说自己理解的东西就是佛法。

这个小故事告诉我们，在营销中，在没有掌握准确和详细的信息的情况下，不要轻易下结论，没有市场调查就把握不了市场，市场调查是企业全面了解市场的方法之一。

检测练习

扫一扫，查看任务六的课后习题。

任务七　E-mail 营销

任务提出

随着电信服务价格的逐渐降低、网络的迅速普及，E-mail 已经成为网民普遍使用的沟通工具，商家如何利用这一现代通信工具进行营销活动呢？

任务分析

如果想要合理利用 E-mail 开展网络营销活动，必须对 E-mail 的使用和营销活动的开展都有一定的了解。因此，本次任务涉及如下内容：

1. E-mail 的发展、使用等基本情况

E-mail 作为一种信息时代产生的通信工具，是如何产生、发展起来的？怎么使用？与传统的通信工具相比有哪些优势？这些都是开展 E-mail 营销需要事先了解的问题。

2. 什么是 E-mail 营销，有哪些类型

利用 E-mail 开展营销活动与传统营销相比采用的技术手段不同，那么具体有哪些形式呢？

3. 如何开展 E-mail 营销活动

对于商家来说在网上开展 E-mail 营销活动，与传统的营销活动的开展步骤不同，特别之处在哪里？

任务分解

为了完成以上内容，可以把本任务分解成如下三个课题。

课题一：了解 E-mail 营销的概况

课题二：如何管理 E-mail 营销

课题三：如何评价 E-mail 营销效果

课题一　了解 E-mail 营销的概况

本课题可以通过以下几个方面实现：

- E-mail 营销的含义
- E-mail 营销的类别
- E-mail 营销的发展现状
- E-mail 营销的开展

E-mail 是继信件、电话、传真之后，又一种重要的通信工具。作为互联网上的重要信息服务方式之一，E-mail 有着传统邮件服务无法比拟的优势，利用 E-mail 开展的营销活动也应运而生。

一、E-mail 营销的含义

与常规信函相比，E-mail 非常迅速，把信息传递时间由几天减少到几分钟甚至更短，而且 E-mail 使用非常方便，即写即发，易于保存。与电话相比，E-mail 的使用是非常经济的，传输几乎免费。而且这种服务不仅仅是一对一的，用户还可以向一批人发信件，即群发。正是由于这些优点，互联网上数以亿计的用户都有自己的 E-mail 地址，使其成为利用率最高的互联网应用服务之一。

笼统地说，通过 E-mail 方式向用户发送产品、服务以及其他促销信息都属于 E-mail 营销的范畴。但是从发送 E-mail 是否得到用户许可的角度来区分，可将 E-mail 营销划分为许可营销和未经许可的垃圾邮件。真正意义上的 E-mail 营销指的是许可营销。因此，E-mail 营销是指在用户事先许可的前提下，通过 E-mail 的方式向目标用户传递有价值信息的一种网络营销手段。基于用户许可、通过 E-mail 传递、信息对用户有价值共同构成了 E-mail 营销的三个基本要素，三个要素缺一不可。

实例 7－1

美国一位很有畅销潜力的小说家 Jonathan Tropper（乔纳森·崔普尔）写了他的第三部小说《应急计划》（小说原名为《Plan B》），Tropper 感觉出版社不可能花太多时间和经费推销他的书，于是他决定自己为新书促销。Tropper 开始利用电子邮件将新书出版的消息发送给亲朋好友，另外他也寄信给在亚马逊书店网站刊登书评的评论家，请他们“有空时看看”他的书。虽然不是每个人都愿意看他的书，但也有人看了书很喜欢并向朋友推荐，结果 Tropper 的《应急计划》开始慢慢受到注意，在亚马逊的销售排行节节上升，甚至传出好莱坞有兴趣将故事拍成电影的消息。为了让新书销售得更快，Tropper 花了 500 美元请一家 E-mail 营销公司代为进行 E-mail 营销。然而，这家营销公司将《应急计划》一书的宣传稿向网络上的虚拟社区、出版社网站甚至名人等胡乱发送，引起严重的反宣传效果，许多莫名其妙收到宣传稿的读者对 Tropper 和他的新书产生反感，有些人甚至在网络聊天室中要求大家抵制乱送邮件的作家（指的当然就是 Tropper），连亚马逊推荐《应急计划》的网页都出现抱怨 Tropper 的言论。结果害得 Tropper 惹来“乱送”“不道德”的臭名不说，《应急计划》的销售也比三个星期前下降了 50%。

随着电信服务价格的逐渐降低，网络的使用越来越普及，E-mail 已经成为网民最普遍使用的沟通工具之一。利用 E-mail 开展的营销活动可以达到以下目的：

①使用户认识某一品牌；

②使用户形成对某一产品或服务的兴趣或偏好；

③使用户能与广告方取得联系，获取信息或购买产品、服务；

④管理客户关系或实现其他相关的营销目标。

二、E-mail 营销的类别

根据不同的标准，E-mail 营销可以分为不同的类型，不同形式的 E-mail 营销有不同的特点和方法，下面介绍 E-mail 营销的主要类别。

（一）按照是否经过用户许可分类

按照发送的 E-mail 是否经过用户许可，可以将 E-mail 营销分为许可 E-mail 营销（Permission E-mail Marketing，PEM）和未经许可的 E-mail 营销（Unsolicited Commercial E-mail，UCE）。未经许可的 E-mail 营销也就是通常所说的垃圾邮件（Spam），正规的 E-mail 营销都是基于用户许可的。

（二）按照 E-mail 地址的所有权分类

按照 E-mail 地址资源是否归企业所有来划分，可将 E-mail 营销分为内部 E-mail 营销和外部 E-mail 营销。内部 E-mail 营销也称为内部列表，是指企业网站利用一定方式获得用户自愿注册的资料来开展的 E-mail 营销。外部 E-mail 营销又称为外部列表，是指企业网站利用专业服务商或者具有与专业服务商一样可以提供专业服务的机构提供的 E-mail 营销服务，自己并不拥有用户的 E-mail 地址资料，也无须管理和维护这些用户资料。

（三）按照 E-mail 的使用时限分类

按照 E-mail 的使用时限不同，可分为临时性的 E-mail 营销和长期性的 E-mail 营销。临时性的 E-mail 营销可采用在线调查、新产品通知、市场调查、促销信息等形式。长期性的 E-mail 营销通常以企业内部注册会员资料为基础，主要表现为新闻邮件、电子杂志、顾客服务等各种形式，比临时性的 E-mail 营销更持久，其作用更多表现在顾客关系、顾客服务、企业品牌等方面。

（四）按照 E-mail 营销的功能分类

按照 E-mail 的功能划分，可分为顾客关系 E-mail 营销、顾客服务 E-mail 营销、在线调查 E-mail 营销、产品促销 E-mail 营销等。

（五）按照 E-mail 营销的应用方式分类

按照 E-mail 的应用方式不同，可分为经营型和非经营型两类。仅利用 E-mail 地址开展企业自身的营销活动属于非经营型 E-mail 营销。当企业的 E-mail 积累到一定的程度，不仅可用于企业自身的经营，也可通过出售 E-mail 地址或邮件广告空间获得收益，这属于经营型的 E-mail 营销。

三、E-mail 营销的发展现状

研究机构 Cyber Dialogue（网络对话）指出，E-mail 的发展似乎已经超越网页了。有 94% 的美国成年网民每月至少查看电子邮箱一次，相较之下，每月至少浏览网站一次的网民则为 89%。根据 CNNIC 用户调查显示，超过九成的用户上网的主要目的是收发 E-mail。由此可见 E-mail 已成为互联网络最大的应用，E-mail 营销备受重视。

开展 E-mail 营销的公司面临着一条光明但又危险的道路，任何错误都可能造成严重的后果。但是，如果企业对于 E-mail 的使用恰到好处，不仅能够建立起与客户的联系，而且可以获得超额利润，且费用低廉。因此，越来越多的公司开始采用 E-mail 营销模式。

然而，与国外较高的 E-mail 利用率和 E-mail 营销发展程度相比，国内有很多公司并不了解 E-mail 营销的基本方法，其还未成为一种主流的网络营销手段。我国企业是从 1996 年开始尝试网络营销的，由于起步较晚，与欧美发达国家存在着较大差距，具体体现在网上商品价格的竞争力、支付手段、服务水平、消费者购物习惯等方面。尽管我国自从 1997 年就已经产生了专业 E-mail 营销服务，但由于网络环境不成熟、网络速度慢、上网费用高、网络中文资源贫乏、上网人数较少、拥有的电子邮箱数量也很少，实际上专业 E-mail 营销服务并没有形成很大的影响力。到 2017 年年底，我国使用 E-mail 的用户数量和 E-mail 数量都获得了很大的发展，已经具备了开展 E-mail 营销的网络环境，但由于企业对 E-mail 营销的接受程度、服务商的专业水平等方面不一，规范的 E-mail 营销专业服务仍然没有形成。我国 E-mail 营销目前存在的主要问题有以下几个方面。

（一）专业人才匮乏

E-mail 营销的开展需要专业的网络技术知识，同时也需要一定的营销理论基础。目前我国一些企业花费大量资源获取用户资料，但由于缺乏专业网络营销人员以及相应的用户数据分析处理技术，用户资料很难转化成收益。

（二）电子邮件退信率不断上升

开展 E-mail 营销的前提是拥有用户资源，这是 E-mail 营销得以成功的根本。由于种种原因，E-mail 退信率不断增高，这在很大程度上降低了 E-mail 营销的效果，制约了 E-mail 营销的发展，深入分析退信原因、寻找解决的途径迫在眉睫。

1. E-mail 服务商互相屏蔽

一些免费 E-mail 服务商为了避免 E-mail 系统承受过大的负荷，往往会过滤一些批量发送过来的邮件，同时，部分免费 E-mail 服务商之间因为存在竞争关系，通常也会屏蔽来自竞争对手服务器的 E-mail。屏蔽现象造成一部分用户电子邮箱无法正常接收自己所订的信息，降低了实际的营销效果。

2. 用户 E-mail 地址变更

有关调查显示，有将近一半的用户至少更换过一次 E-mail 地址，却很少会及时更新用户资料。由此可见，获取用户的最新 E-mail 地址十分必要，企业在发送 E-mail 时，要时刻注意消费者的反应，如果一段时间没有回馈，则存在用户 E-mail 地址变更的可能，应及时跟进。

（三）垃圾邮件的影响

E-mail 营销是网络营销中最早受到重视的营销工具之一，但是如果应用不好，就会被用户当成垃圾邮件。垃圾邮件的泛滥对 E-mail 营销产生严重的影响：一方面，垃圾邮件使得有价值的信息被大量无用信息淹没，甚至会造成有价值信息的丢失；另一方面，垃圾邮件影响了 E-mail 用户对于 E-mail 营销的感观。

（四）E-mail 营销效果评价困难

E-mail 营销效果评价对于企业非常重要，尽管从理论上讲可以对 E-mail 的送达率、阅读率、转发率等给予详细跟踪记录，但在实际操作中是很难做到的，因为这种测量的基本原理是在 HTML 代码中加入一段跟踪代码，但这些代码往往会被屏蔽，而对于纯文本格式的 E-mail，根本无法进行跟踪，因此实际上很难知道究竟有多少 E-mail 被送达和阅读，这也就很难准确地说明 E-mail 营销的效果到底如何。

我国的 E-mail 营销正处于初级阶段，还有许多困难需要克服。因此，我们应该大力宣传 E-mail 营销的作用，为 E-mail 营销发展创造良好的条件。随着互联网的不断发展，E-mail 营销的作用将会越来越明显。

实例 7-2　E-mail 营销在电子商务发展中的应用

E-mail 营销在电子商务发展中一直起着重要作用，并将成为一种发现并挽留顾客的有效手段，据 Forrester Research 公司（弗雷斯特研究公司）最近的研究结果显示，E-mail 营销形成了一个 48 亿美元的行业。Forrester 的研究报告还指出，由于传统媒体如电视和广播广告缺乏针对性，而传统的直邮广告成本太高，比较而言，E-mail 营销更受到商家青睐，而且，由于 E-mail 营销的成本较低，可以降低产品销售价格。研究结果还发现，在被调查的 50 家零售商中（其中 22 家是传统的零售商，28 家为拥有企业主页的公司）64% 的公司已经开始采用一种或几种 E-mail 营销方法，平均每个公司有205000个 E-mail 地址列表，每个月向邮件列表地址发送两次营销信息。

四、E-mail 营销的开展

E-mail 营销作为网络营销的工具之一，操作并不简单，尤其是在网络营销环境与法律法规还不完善的情况下，E-mail 营销的营销效果将大打折扣，往往会出现退信率较高的现象。因此，企业需要了解开展 E-mail 营销的技巧和方法，遵循行业的规范和职业道德，真正将 E-mail 营销开展起来。

（一）收集客户的 E-mail 地址

开展 E-mail 营销的前提是拥有潜在用户的 E-mail 地址，这些地址可以是企业从用户、潜在用户资料中自行收集整理的，也可以是利用第三方潜在用户资源获得的。比如国内的 MyMail，拓鹏都是属于此类。企业常用的收集 E-mail 地址的方法：

①直接查阅原有客户的邮件地址。

②在网站上建立留言簿供访问者签名。

③在网站上设立相关讨论，吸引客户参加，并留下他们的电子邮件地址。

④在互联网上寻找下载免费的邮件列表或购买邮件列表。

⑤通过专门软件收集邮件地址。

（二）确定 E-mail 营销的目标

在进行 E-mail 营销活动前应该先确定好目标，进行 E-mail 营销的目标一般包括获取新客户、拓展客户关系、建立品牌和降低沟通成本。

（三）选择开展 E-mail 营销的形式

明确 E-mail 营销的目标之后，企业要根据自己的具体情况选择 E-mail 营销实施的具体方式。

1. 文本标志

E-mail 最通常的方式是文本标志，文本标志是一些有特定意义的字符，五行左右，一般放置在新闻邮件或经许可的 E-mail 中间。这些文本标志也可以设置一个 URL，链接到广告主公司主页或提供产品或服务的特定页面。

2. 标志广告

HTML 格式的 E-mail 和新闻 E-mail 可以设置与一般网页上一样的标志广告，不过并不是要在整页都放置广告，而是在特定目标受众的 HTML 格式的 E-mail 和新闻 E-mail 中放置标志广告，这些目标受众是事先征得许可的（如图 7－1 所示）。

3. 其他方式

随着 E-mail 营销的不断发展，出现了一些其他方式，这些方式有时是由广告主和第三方撰写的 E-mail，其中一些营销方案中设有奖励或奖金计划。

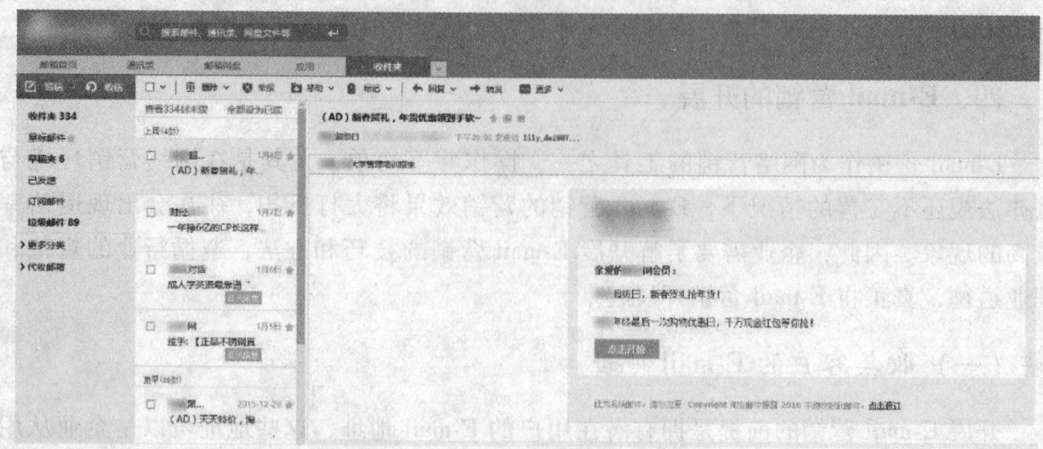

图 7－1　某网的 E-mail 标志广告

（四）选择目标客户

客户的需求呈现出多样化、综合化、立体化、个性化等特征，而企业自身资源及精力有限，不可能满足整个市场的所有需求，因此企业必须从所有的客户中选择目标客户。一旦目标客户确定出现偏差，客户在未经许可的情况下收到 E-mail，可能会将其认定为垃圾邮件，对企业的信誉将造成不可弥补的影响。因此，目标客户的确定是否准确将直接影响 E-mail 营销的效果。

确定目标客户首先要考虑是建立自己的邮件列表，还是利用第三方提供的邮件列表服务。这两种方式都可以实现 E-mail 营销的目的，但各有优缺点。利用第三方提供的邮件列表服务，费用较高，很难了解潜在客户的资料，事先很难判断定位的程度如何，还可能受到发送时间、发送频率等因素的制约。由于用户资料是重要资产和营销资源，因而许多公司都希望拥有自己的用户资料，并将建立企业邮件列表作为一项重要的网络营销策略。

（五）设计 E-mail 营销的主题、内容

E-mail 营销的主题、内容丰富多样，企业应结合实际选择适合自己的主题、内容。E-mail 的主题是收件人最先看到的信息，其内容是否能引人注意，主题起到相当重要的作用。E-mail 主题应言简意赅，以便收件人决定是否继续阅读。首先，内容要简洁。E-mail 宣传不同于报纸、杂志等印刷品广告，篇幅越大越能显示出企业的实力和气魄。E-mail 应力求用最简单的内容表达出企业的诉求点，如果必要，可以给出一个有详细内容的链接，收件人如果有兴趣，会主动点击链接，否则，内容再多也没有价值，只能引起收件人的反感。其次，E-mail 格式要清楚。虽然 E-mail 没有统一的格式，但它毕竟是一封邮件，作为一封商业函件，应该参考普通商务信件的格式，包括收件人的称呼、E-mail 正文、发件人签名等要素。最好采用纯文本格式的文档，把内容尽量安

排在 E-mail 的正文部分，除非插入图片、声音等资料。常见的 E-mail 营销主题内容包含如下两类。

1. **新闻通信类**

每月或者每季度发布对客户有用的信息，信息中包含图片、促销信息和指向网站的链接等，以推荐给客户新产品和新服务（如图 7－2 所示）。

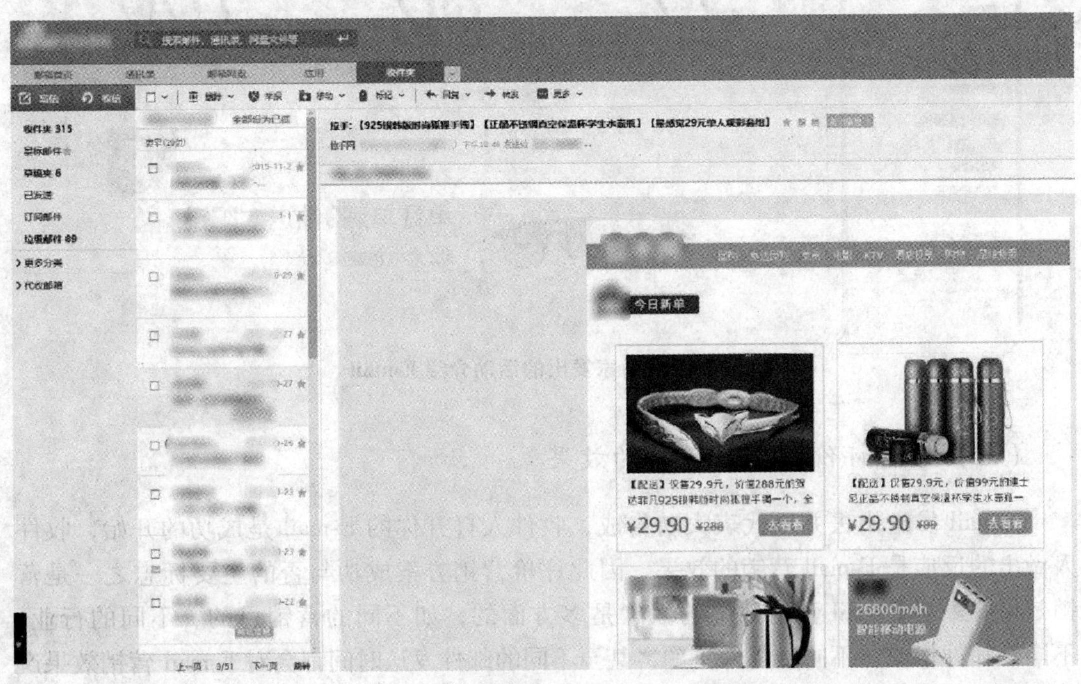

图 7－2　某网的新品推广 E-mail

2. **邀请类**

邀请类的 E-mail 营销形式多样，企业可通过 E-mail 邀请客户参与一些主题活动。例如，圣诞节前几个月通常是国外客户采购比较集中的时间，可以发一些针对节日的产品信息给客户。在季节更替之际，服装类外贸公司可以做一些清仓促销或者新品发布活动（如图 7－3 所示）。

（六）发送 E-mail

发送 E-mail 应准确把握时机，发送 E-mail 的频率应该与顾客的预期和需要相结合，这种频率预期因时因地因产品而异。千万不要认为发送频率越高，收件人的印象就越深。过于频繁的 E-mail“轰炸”，会让客户厌烦。研究表明，E-mail 发送时间的最好选择周一到周五的工作时间，这样被阅读的概率会比较高。同样内容的邮件，每个月以发送 2～3 次为宜。

图 7-3　商家发出的活动介绍 E-mail

（七）跟踪评价 E-mail 营销的效果

E-mail 发送出去并不代表大功告成，收件人打开你的 E-mail 是成功的开始，收件人做出的反应是 E-mail 营销的效果，因此评价营销方案成功与否的主要标志之一是营销效果。影响 E-mail 营销效果的因素是多方面的，如不同的营销目的、不同的行业、不同的邮件格式、不同的邮件主题，甚至不同的邮件发送时间都会对 E-mail 营销效果产生影响，因此 E-mail 营销的效果是一种综合因素的体现，抛开具体的经营环境和经营方式来谈效果是没有意义的。企业应注重对 E-mail 营销效果的跟踪评价，以便准确、适时的得出客观的结论，并及时调整 E-mail 营销的策略。E-mail 营销的开展流程如图 7-4 所示。

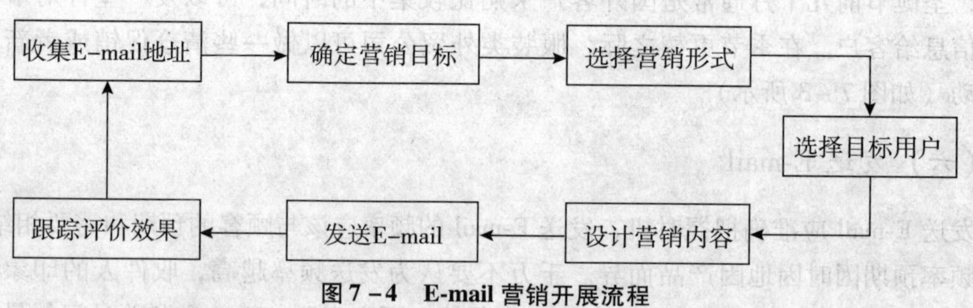

图 7-4　E-mail 营销开展流程

实例 7-3　关于 B2B 电子邮件营销的统计数据

据相关调查显示，打开 B2B E-mail 最频繁的时间在工作日上午 9 时、10 时、11 时，下午 3 时和 4 时。邮件打开及展现最活跃的时间是在星期一的上午 9—11 时；在周末上午的 9—11 时，B2B 邮件打开量也有一个小高峰。

B2B 用户最喜欢在电脑上接收浏览邮件（占 50% 的邮件展现量和 44% 的转化量）；其次是手机（占 20% 的邮件展现量和 12% 的转化量）。Windows 操作系统最受 B2B 用户欢迎（42% 的展现量和 40% 转化量）；iOS 操作系统（iPhone）的展现量、转化量分别占 22%、13%。

社交用户数量正在不断增加，但是 E-mail 用户使用量并没有下降。在 B2B 营销中，E-mail 渠道比社交媒体也更有效，社交粉丝在各个社交工具上同时关注你，也了解你的竞争对手，注意力分散而缺乏目的性，但是在 E-mail 渠道，用户一旦按意愿主动订阅品牌 E-mail，很可能就是你的优质潜在客户，用户将在一个相对封闭、无干扰的环境中持续接收你的品牌营销信息，对品牌越来越忠诚。

扫一扫，查看“B2B 电子邮件营销如何突破现状”。

课题二　如何管理 E-mail 营销

本任务要求在掌握 E-mail 营销基本内容的基础上，能够合理地管理和使用 E-mail 营销，使其发挥更好的营销效果。本课题主要有以下几个方面的问题需要解决：

- 许可 E-mail 营销的合理运用
- 提供 E-mail 营销服务
- E-mail 营销策略的应用

随着互联网技术的不断普及和发展，现在传统营销正逐步向网络营销发展，网络营销也日益与传统营销相结合。E-mail 营销作为网络营销重要的手段，由于具有方便、快捷、高效、成本低廉等优点，越来越受到人们的青睐。要想有效地发挥 E-mail 营销功能，要将 E-mail 营销与传统营销相结合，加强对 E-mail 营销的管理。

一、许可 E-mail 营销的合理运用

在用户许可的前提下开展 E-mail 营销是一种简单有效且成本低廉的营销手段，企业在商业活动中应合理利用电子邮件的优势，达到理想的营销效果。

（一）许可 E-mail 营销的含义

“许可营销”理论由营销专家 Seth Godin（赛斯·高汀）在《许可营销》一书中最早进行系统的研究。许可 E-mail 营销就是企业在推广其产品或服务的时候，在征得顾客的“许可”之后，通过 E-mail 的方式向顾客发送产品、服务信息。这一概念一经提

出就受到网络营销人员的普遍关注并得到广泛应用，许可 E-mail 营销的有效性也已经被多家企业证实。

企业进行 E-mail 营销必须获得用户的许可，未经许可进行的 E-mail 营销被称为垃圾邮件，英文常称为 Spam。正是因为 E-mail 营销成本低，因此 E-mail 营销被很多中小企业看成是宣传企业的法宝，以至于被滥用，甚至引起了全世界范围内的反垃圾邮件浪潮。

垃圾邮件的危害主要体现在三个方面：一是破坏 E-mail 营销的形象，影响用户对 E-mail 营销的看法；二是垃圾邮件的大量涌现，迫使用户采取屏蔽的手段过滤垃圾邮件；三是垃圾邮件占用大量网络传输带宽，影响网民的正常网络通信。垃圾邮件现象在我国已经成为一个不容忽视的网络发展隐患。

（二）获得用户许可的方法

通过利用互联网的人机对话功能，让消费者决定他们需要得到什么样的 E-mail，而以征得消费者允许为基础的营销，将使企业在与消费者的第一次接触中表现良好，增进消费者对企业的信任并促使他们接受企业以后所提供的各种服务。那么，在众多网络资讯中，如何吸引用户的目光，使其自愿将 E-mail 地址留下呢？常有的方法有以下几种。

1. 用户注册

在企业的网站上，用户主动注册为网站的会员，选择自己需要的服务，这是最直接、最常用的方法之一，为许可 E-mail 营销的开展奠定了良好的基础。

2. 订阅邮件列表

在用户自愿加入邮件列表的前提下，获得用户的许可。

3. 促销活动

在企业网站开展促销活动时，可以吸引一些用户自愿参与，并留下个性化的信息资料，获得顾客长期的许可。

通过以上方法，企业可以获得用户的 E-mail 地址。许可 E-mail 营销的目标是提高用户许可的程度，使他们从陌生人变成朋友，再转变成顾客，最终成为忠实顾客。

（三）许可 E-mail 营销的常见模式

基于用户许可的 E-mail 营销比传统的推广方式或未经许可的 E-mail 营销具有明显的优势，例如，可以减少广告对用户的滋扰、增加潜在客户定位的准确度、增强与客户的关系、提高品牌忠诚度等。从营销的手段、企业与客户的关系、企业提供服务的方式和内容等方面分析，许可 E-mail 营销有下列几种主要模式。

1. 顾客关系邮件

顾客关系邮件是 E-mail 营销最为常见的一种模式。企业邀请访问企业网站的所有客户提交电子邮件地址，以便于客户收到企业不定期的宣传信息和推广服务说明。企业网站每推出一种新服务，就给每个客户发送一份宣传邮件，和客户保持联系。

2. 企业新闻邮件

企业新闻邮件大多数是和企业产品和服务有关的信息，并可以附上一些编辑语，这也是一种让客户替企业宣传产品的好方法，有利于提高企业网站的访问量。还可以发送一些企业发展动向的最新报告，如企业新产品的开发和研究报告等，让企业与客户之间有更多的交流。

3. 提醒服务邮件

提醒服务邮件就是企业从收集的有关客户的档案资料中，找出客户的一些特殊纪念日（如结婚纪念日、生日等），并在当天发送邮件，及时地向客户送上一份问候。

4. 许可邮件列表

许可邮件列表，即 Opt - in Mailing List，在很大程度上可以说就是目标客户列表。它是用户自愿加入的邮件列表，不是网上搜寻到的邮件地址列表。

5. 传播营销邮件

传播营销邮件是一种鼓励企业的老客户去向自己的朋友们推荐企业的产品和信息的方法。通常做法是将传播营销邮件末尾所附加的链接和宣传信息同时附加在客户每封往来 E-mail 上，像繁殖力极强的“病毒”一样潜入客户的硬盘。因此，传播营销邮件也被称为“病毒性营销”。

实例 7-4　海客电影俱乐部许可 E-mail 营销成功案例

海客电影俱乐部创立于北京，是寨克先生发起，与 IT 业界著名的市场营销人马君海共同创办的。俱乐部以电影为主体，以寻找快乐为宗旨，发展至今，通过“线上网站 + 线下活动”运作模式，已拥有 1000 多名会员，吸引了一大批来自 IT、传媒、法律、财经、政府、咨询、文化等领域的电影爱好者。每月一次固定的活动，AA 制付款的方式，没有豪华的场地，没有精美的食物，有的是电影的交流。会员都是爱电影的人，又都是企业里的中高管理层，相同的背景和共同的兴趣让他们有很多共同的话题。

1. 目标

海客电影俱乐部致力于通过电影和相关精神原创品为中国新兴的中产阶级创建一个适合他们的精神家园，让新朋友和老朋友相知相识，相互交流。通过许可 E-mail 营销与会员之间建立更通畅快捷的沟通方式，建立更密切的良性的互动关系，提升会员忠诚度，扩大俱乐部的规模与影响力。

2. 使用方法

海客电影俱乐部使用 E-mail 营销软件，每周发送电影电子杂志资讯的订阅邮件；每月发送线下活动聚会的通知、报名与提醒的邮件。

3. 效果

（1）每周发送邮件工作轻松快捷地完成，发送到达率几乎达到百分之百，内容形式也更为丰富多样，俱乐部与会员之间建立了密切的互动关系，并且在口碑营销方面对俱乐部的发展起到了重要作用。

(2) 每月线下活动通知，使用市场活动解决方案之后，提高了报名提醒效率，大幅度提高了到会人数。

(3) 根据E-mail营销系统建立了会员个性化订阅系统，根据名单生成工具促使更多的会员加入，丰富了会员数据库信息，并根据发送统计实现了数据库数据自动更新，为进一步细分提供了详尽的数据支撑。

二、提供 E-mail 营销服务

企业提供给顾客的E-mail服务应该包括两个方面：一是主动向顾客提供企业的最新信息；二是获得顾客需求的反馈，将其整合到设计、生产、销售的系统中去。具体内容包括以下几方面。

（一）信息及时回复

及时确认，是一项基本的商业礼节，同时，顾客都有这样的需求。企业在收到E-mail的时候，要养成及时回复的习惯，即使是“谢谢，来信已经收到”也会起到良好的沟通效果。通常E-mail应该在一个工作日之内回复客户，如果碰到比较复杂的问题，要等一段时间后才能准确答复客户，也要简单回复一下，说明情况。

（二）提供个人信息保护

网络是个虚拟的世界，安全问题始终困扰着广大网民。在进行E-mail营销时，能否保证用户信息的安全是用户非常关心的问题。据调查，大约有77%的互联网用户会避免在一些网站登记个人信息。除了因为登记过程占用时间和精力外，更主要是因为牵涉个人信息保密问题。因此，企业在获取用户许可时应尽量避免涉及用户隐私、安全等敏感问题。

（三）尊重用户

不要向同一个E-mail地址发送多封同样内容的信件，当对方直接或者间接拒绝接受E-mail的时候，就不要再向对方发送广告信件。征得客户首肯前，不得转发或出售发信人名单与客户背景。在发送前一定要仔细检查E-mail内容，确保语句通顺，没有错别字。

（四）开展提醒服务

提醒服务包括时间提醒（如生日）、补充（如替换、升级）和服务备忘录（如预订、维护）。提醒服务专注于现行顾客需求，并塑造了将来顾客的购买行为。可以考虑发送其他各种免费信息，以增加顾客的认同感。

（五）对忠实顾客提供更多的优惠服务

获得一个新的顾客比留住一个现有顾客代价要大得多，但现实中往往是对忠诚顾客投入的服务越来越少，甚至收取更高的费用，特别促销优惠条款只针对新加入的顾客。

此外，在促销活动中，宣传渠道包括媒体、E-mail、电话等，务必要事先协调以免同一个客户重复收到相同的促销信息。若未能立即回复客户的询问或寄错信件，要主动致歉，不能以没有收到 E-mail 为借口。

扫一扫，查看“优之良品 E-mail 营销案例”。

三、E-mail 营销策略的应用

在没有任何反馈信息的情况下持续发送 E-mail 给目标客户是一种锲而不舍的坚持，还是一种目空一切的傲慢？E-mail 营销专家 Jeanne（珍妮）质疑这种邮件的有效性，她认为这种做法存在严重的问题，如果在 E-mail 营销中太过执着，容易把邮件的阅读者吓跑，更糟的是可能增加用户投诉垃圾邮件的风险。

如果发送了一年电子邮件，而那个顾客一直都没有打开或者点击那些邮件，还不足以说明他对此不感兴趣吗？现在从事电子邮件营销的公司不得不面对这样的现实：邮件列表中的用户并不一定对你的邮件感兴趣。因此，设计进入和退出策略对 E-mail 营销至关重要。

（一）进入策略

奥美全球电子邮件营销总监 Jeanniey Mullen（珍尼·穆朗）认为，进入策略是对公司邮件信息收到与否或是否被阅读的一个确认。在制定进入策略之前，我们不妨问问自己：

①这是他从贵公司收到的第一封信吗？

②如果是，那么从收到邮件到订阅有多长时间？

③如果不是，那么从收到你公司发的最后一个邮件到现在有多长时间了？

④这封邮件确实符合接收者设定的优先接收条件吗？其联系地址是来自一个更大的目标群体还是其他？

企业获得用户 E-mail 地址的方法有很多，不论采用什么方式，一旦用户将 E-mail 地址留下，一些企业就认为获得了用户的许可，这种想法是不全面的。用户可能出于不同的动机留给企业 E-mail 地址，例如，用户对网站上的某一内容感兴趣，想获得详细信息，而并不是真正想了解企业的产品和促销信息，此时如果企业 E-mail 营销开展的方法不合理，很容易引起用户的反感，起到相反的效果。因此，企业在制订策略时应该结合实际，充分考虑，谨慎运作，以保证 E-mail 营销的成功。

（二）退出策略

奥美全球电子邮件营销总监 Jeanniey Mullen 认为，退出策略是为了明确在什么时间用什么方式，从你的 E-mail 列表中移去部分客户的名单。在制订退出的策略之前，有几个关键的问题你需要问问自己：

①你有一个针对同一群体并进推行的直邮或者电话营销计划吗？

②当你发送 E-mail 时，这个目标群体是否也接收到其他企业的 E-mail 信息？

③如果你将他们暂时从这次发送对象的名录中剔除，什么时候他们能再次收到你的邮件？

④在他们决定加入时，你将为他们做怎样的准备工作？

对于企业来说，退出策略是直接从企业的邮件列表中剔除一些没有提供反馈信息的人，但这就意味着今后将无法创造更多的进一步发展的机会。通常做法是剔除企业名录中那些发过很多封 E-mail 但却一直没有打开过或者点击的用户名单。许多公司会发送一个“最后的努力”的 E-mail，以给名录中的人们最后的机会。

对于用户来说，会对收到大量的垃圾邮件感到愤怒，他们可能会在网上进行反击，他们只需很快地发一份 E-mail 给他的朋友们、给该公司服务名单上的所有人、给其他 Web 站点上的用户，或者是建立他们自己的 Web 站点来反对该公司，这样一个愤怒的用户几乎可以立即让那个冒犯他的企业名誉扫地。因此，那些有效利用电子邮件进行营销的公司不仅让愿意“进来”的用户“进来”，而且每一次当他们要“出去”时，也让他们“出去”。

实例 7-5　联合利华案例

加入联合利华的新会员会收到一份声明：“我们非常激动地获知您订阅了我们的快递信息，您可以随时任意更改您的参数设定。”刚退出的会员也同样会收到一封邮件：“您收到这个邮件是因为您之前同意联合利华给您发送特定的信息，我们希望您能喜欢所收到的快递信息，您可以随时任意更改您的参数设定。”

（三）提高 E-mail 营销质量

征求用户的同意，为其提供进入和退出的机会，这仅仅是设计成功的 E-mail 营销活动的一个方面，真正能吸引用户的是高品质的 E-mail 营销。

1. 给顾客一个必须做出答复的理由

企业往往希望得到用户的回馈，同样用户也希望能看到真正打动他们的内容，让自己有强烈的欲望去读这些邮件广告和网上广告。因此，给顾客一个必须做出答复的理由是十分必要的。

2. **保证E-mail内容的个性化**

网上咨询的内容十分丰富，用户不费吹灰之力就可以查询到相关信息。如何能在众多信息中抢夺消费者的目光呢？邮件内容的个性化设计十分重要。网络使公司能够根据顾客过去的购买情况或合作情况，将其发送的E-mail的内容个性化，而顾客也更乐于接受个性化的信息。

3. **为顾客提供直邮中得不到的东西**

传统的营销方式给人以安全感，用户在看到实物的情况下进行决策，他们有的可能已经适应了这样方式。作为开展E-mail营销的企业来说，应帮助消费者认清传统营销的弊端，了解E-mail营销的优势。同时提供给他们直接邮寄邮件中得不到的东西，以增加吸引力。

扫一扫，查看“电子邮件营销六步法：对比测试先助人后销售”。

课题三 如何评价E-mail营销效果

本课题主要有以下几个方面问题需要解决：

- E-mail营销的效果评价
- 如何增强E-mail营销的效果

E-mail是网络中常用的通信方式之一，而E-mail营销正是利用其方便、快捷、高效、灵活、廉价的优势，通过策划与制作网络广告，瞬间把网络广告传到各地。那么，采用E-mail方式进行营销活动，是否能吸引消费者的目光？是否带动了企业产品的销售？是否为企业创造了可观的利润？这就要求我们对E-mail营销的效果进行客观的评价。

一、E-mail营销的效果评价

没有明确的市场定位、发送错误的消息或者其他原因造成的没有将信息传送给真正的消费者，这些都是失败的营销。市场研究的一个作用就是了解营销手段对目标市场产生了什么影响，有助于调整营销战略，并在以后的营销计划中取得较好成效。E-mail营销的特点之一是可以对其效果进行量化评价，在E-mail营销活动中，通过对一些指标的监测和分析，不仅可以评价营销活动的效果，而且可以通过这些指标发现E-mail营销过程中存在的问题，并对E-mail营销活动进行一定的控制。

那么，用什么作为标准来衡量营销效果呢？人们普遍认为，用点击率来评价广告效果往往是不恰当的，因为点击并不意味着购买，较好的方法是关注广告带给人们的思考和感觉，监测人们是否在观看广告后增加了购物欲。同样，在衡量 E-mail 营销的效果时，不能完全依赖回应率。E-mail 营销是一个长期的过程，会潜移默化地产生作用。对 E-mail 营销效果进行评价，不但可以帮助企业达到最直接的目的，还有助于其与顾客保持紧密联系，并逐渐影响顾客对产品或服务的印象。

E-mail 营销是一个相对较新的领域，还没有一套准确有效的评价体系。因此为了更加客观地评价 E-mail 营销效果，我们应客观地选择评价标准，E-mail 营销效果的评价标准按照营销的过程可分为四类：

①获取用户资源阶段的评价指标：有效用户总数、用户增长率、用户退出率等。

②邮件信息传递评价指标：送达率、退信率等。

③用户对信息接受过程的指标：开信率、阅读率、删除率等。

④用户回应评价指标：直接带来的收益、点击率、转化率、转信率等。

实例 7-6　E-mail 营销的效果

调查结果表明，66%的被调查者认为 E-mail 营销促进了销售增长，平均增长率为 52.4%。中型企业利用 E-mail 营销的效果比较显著，增长率达到了 59.8%，大型企业和小型企业则分别为 47.1%和 42.6%。

调查发现，尽管企业的营销预算中平均只有 13%用于 E-mail 营销，但 E-mail 营销的效果仍然显著，不仅改善了企业与顾客关系，增进了顾客保持力，并且直接创造了全部网络交互式销售额的 15%。63%的被调查者认为，E-mail 营销是最有效的促销和保持顾客关系的手段，另一个值得注意的信号是，有 37%的被调查者反映 E-mail 在获得新顾客方面很有效。

二、如何增强 E-mail 营销的效果

网络广告的点击率在降低，搜索引擎的实际效果也在减弱，被认为是网络营销最有效方式的 E-mail 营销会不会遭遇同样的问题呢？为了避免这一问题的发生，我们需要在合理评价 E-mail 营销效果的基础上，适时增强 E-mail 营销的效果。

（一）增强 E-mail 营销的专业化

E-mail 营销是营销的一个专业领域，不是传统直邮广告在网络上的延伸，不是简单的 E-mail 发送，更不是垃圾邮件，真正有效的 E-mail 营销需要专业化的操作。专业化包括两个方面的内容：营销人员的专业化和营销服务的专业化。

1. 营销人员的专业化

营销人员专业化是指企业自行开展具有专业水平的 E-mail 营销，而不是通过第三方专业服务商进行，因此需要一批具备专业知识的营销员。

E-mail 营销需要基于用户许可，因此收集用户电子邮件地址是开展 E-mail 营销的基础，这需要专业的营销人员投入大量的时间和精力。但往往很多网站并未重视这方面的

资源，不了解如何正确利用用户资料进行营销，有时每天将大量的商业信息强行发送给用户，有时在很长时间里忽视用户的存在。由此可见，由于缺乏专业的网络营销人员开展专业的营销工作，用户资料很难转化为收益，实际上是资源的重大浪费。

2. 营销服务的专业化

经营和维护企业的邮件列表并不容易，企业通常可以自己管理或借助专业服务商完成。相比较而言，借助专业的营销服务商优势明显，企业不需要配备专业化的E-mail营销队伍，不需要为开发和维护用户资料付出代价，而且往往可以利用比较丰富的潜在用户资料，用最短的时间将信息发送到订户的电子邮箱中。

（二）寻求E-mail营销发展的对策

1. 大力发展网络营销教育

为了解决E-mail营销人才匮乏的现状，应该从以下两个方面入手：一方面，对现有营销人员进行计算机技术和互联网技术等方面的培训，使他们能够胜任新的营销工作；另一方面，招聘专业计算机技术人员，对他们进行营销等相关知识的培训，使他们加入网络营销队伍中。

2. 降低电子邮件的退信率

评价E-mail营销的有效性有多个指标，送达率是其中较重要的一个，而邮件退信率的上升就意味着送达率的降低。

如何降低电子邮件的退信率呢？可以尝试以下两种方法：一是提高用户邮件地址资料的准确性。在通过网络收集用户的邮件地址时，要求用户重复输入E-mail地址，以提高邮件地址的准确性。鼓励用户在邮件地址改变之后及时更新自己的个人信息，定期对用户的邮件地址进行分析和判断，对于失效的邮件地址要尽可能的修复，对于难以修复的失效邮件要及时清除。二是要了解退信原因并采取相应对策。

3. 减少垃圾邮件的影响

如果不能正确地发送E-mail，那么发出的E-mail很可能会沦为垃圾邮件，最终被用户删除。在发送电子邮件的时候必须注意以下几点：

首先，邮件主题要明确。用户是否对邮件的内容感兴趣，主题起着相当重要的作用。因此，邮件的主题应当言简意赅，不要采用与内容毫不相干的主题。

其次，邮件内容要精简。过大的邮件会成为用户删除的首选对象；用户打开较大的邮件耗费时间也较多；太多的信息量降低了E-mail营销的有效性。

最后，邮件发送不要过于频繁。过于频繁的邮件，只会使潜在的客户感到厌烦，最终将邮件视为垃圾邮件。

4. 注重E-mail营销效果的评估

一个企业要想改进营销绩效，就必须重视E-mail营销效果的监测与评估。营销人员可以从以下几个方面评估E-mail营销的效果：一是观察电子信息的展露率；二是追踪目标顾客的点击率；三是测算网站的销售率。

在所有常用的网络营销手段中，E-mail 营销是信息传递最直接、最完整的方式，可以在很短的时间内将信息发送给邮箱列表中的所有用户，这种独特功能在风云变幻的市场竞争中显得尤为重要。充分认识 E-mail 营销的真正价值，并选用有效的方式开展 E-mail 营销，是企业实施营销战略的重要手段。

扫一扫，查看“提高邮件营销打开率的十大方法”。

任务总结

本章围绕合理利用 E-mail 开展网络营销活动这一任务，讲述了 E-mail 营销的含义、类别、发展现状、许可 E-mail 营销的合理运用、E-mail 营销策略的应用及 E-mail 营销的效果评价等相关知识。

E-mail 营销是在用户许可的前提下，通过 E-mail 的方式向目标用户传递有价值信息的一种网络营销手段。基于用户许可的 E-mail 营销是网络营销最有效的手段，其回应率远远高于网络广告的点击率，同时，E-mail 营销也是建立和维持顾客关系的重要手段。

通过 E-mail 树立企业品牌形象，传递企业信息，培育企业的客户群，成为时下企业进行营销传播的新策略。许多企业都已开始注重 E-mail 营销的规范化和标准化管理，如通过制定富有创意的 E-mail 模板，与企业网站和谐统一，与企业离线营销策略相呼应，体现出网上营销传播的纵向整合与横向整合，形成企业营销文化的另一个重要核心。

EQ驿站

立木为信

春秋战国时，秦国的商鞅在秦孝公的支持下主持变法。当时正处于战争频繁、人心惶惶之际，为了树立威信，推进改革，商鞅下令在都城南门外立一根三丈长的木头，并当众许下诺言：谁能把这根木头搬到北门，赏金十两。围观的人不相信如此轻而易举的事能得到如此高的赏赐，结果没人肯出手一试。于是，商鞅将赏金提高到黄金50两。重赏之下必有勇夫，终于有人将木头扛到了北门。商鞅立即赏了他五十两黄金。商鞅这一举动，在百姓心中树立起了威信，其接下来的变法很快在秦国推广开来。新法使秦国渐渐强盛，最终统一了中国。

在这个故事中，商鞅为了在百姓中树立自己的威信，用一件很容易办到的事，来体现自己的诚信，后来践行了自己的诺言，取得了人们的信任，最终由于人们的信任而实现了变法，获得了空前的成功。

故事对营销很有启示意义，在目前经济交往中，人们之间的互相信任变得比较脆弱，特别是网络营销，供需双方都不见面，仅凭在网上的文字和图片，要取得对方信任是比较难的。如何取得对方的信任，是摆在网络营销者面前的首要问题，我们能从这个故事中获益的就是，要从容易的做起，从小处做起，建立最基本的信任，然后一步一个脚印，始终如一的兑现自己的承诺，才能获得良好的信任关系和诚信的口碑，并最终取得成功。

信任是积累起来的，不是一次交易就能解决的，诚信的口碑是实实在在做出来的，而不是自我标榜出来的。朋友们，请用你的诚信战胜经济的寒冬，以你的诚信来创造更美好的人生！

检测练习

扫一扫，查看任务七的课后习题。

任务八　网络广告

任务提出

报纸、广播、电视被称为人类获取知识的三个媒体。随着互联网的出现，网络成了“第四媒体”，并且已成为一种具有巨大商业潜力的传播媒介。网络广告是网络营销的主要促销形式之一，它已经形成了一个很有影响力的产业市场。小李很看好这个市场，并想在这里大展拳脚。但他现在对网络广告的知识还不是很了解，于是小李开始做起了相关的信息准备工作。假如你是小李，你打算怎么做?

任务分析

要想在网络广告领域有所发展，首先应该对网络广告的相关知识有一个基本的了解，因此，本次任务涉及如下内容。

1. 网络广告的概念是什么

要透彻地了解什么是网络广告，为之后的工作开展打好基础。

2. 网络广告的特点和优势是什么

网络广告具有其他媒体广告不具备的特点和优势。

3. 网络广告的策划过程是什么

进行合理的广告策划能够出色地为企业识别目标消费者、建立联系、及时跟进，直至促使消费者做出企业最希望的反应。

4. 网络广告的形式有哪些

网络广告具备先进的多媒体技术，拥有灵活多样的广告投放形式。

5. 网络广告的策略有哪些

网络广告策略是促销活动总策略在广告活动中的具体体现。

6. 如何发布网络广告

企业可以根据自身的需求、实力和目标，选用适当的广告发布方式，在网络上发布广告来宣传企业的产品。

7. 网络广告的收费模式有哪些

网络广告的价格受多种因素的影响，下面会介绍一些常用的网络广告收费模式。

任务分解

为了完成以上内容，可以把本任务分解成如下两个课题。

课题一：如何发布网络广告

课题二：如何评价网络广告的效果

下面分别对这些课题的目标进行确认，并对其实施给予理论和实践上的指导。

课题一　如何发布网络广告

在网络广告策划过程中，企业可以根据自身的需求、实力和目标，选用恰当的广告方式，在网络上发布广告来宣传企业和产品。

一、网络广告的概念

网络广告发源于1994年的美国。当年10月14日，美国著名的 *Wired*（《连线》）杂志推出了网络版的 *Hotwired*《热线杂志》，其主页上开始有AT&T等14个客户的广告Banner（横幅）。这是广告史上的一个里程碑。我国的网络广告起步较晚，第一个商业性的网络广告出现在1997年3月，传播网站是Chinabyte（比特网），广告主是Intel（英特尔），广告表现形式为468×60像素的动画旗帜广告。Intel和IBM（国际商业机器公司）是国内最早在互联网上投放广告的广告主。

根据著名的传媒研究者，美国的霍金斯下的定义：网络广告即电子广告，指通过电子信息服务传播给消费者的广告。按霍金斯的定义，可能给人们造成一个错觉：电子显示屏也是网络广告。于是有人给网络广告重新定义。比如中国广告商情网就把网络广告定义为在互联网上传播、发布的广告，它的广告形式、收费模式、广告特点等方面与传统广告形式有很大的差异。还有人认为，所谓网络广告，是指在互联网的站点上发布的以数字代码为载体的各种经营性广告。其实，网络广告就是以互联网为媒体发布、传播的商业广告，或简言之，网络广告指利用数字技术制作和表示的基于互联网的广告。

二、网络广告的特点

随着互联网的高速发展，网络广告的市场正在以惊人的速度增长，网络广告发挥的效用越来越重要，已经成为四大媒体（电视、广播、报纸、杂志）之后的第五大媒体。网络广告作为网站收入的主要来源而备受关注，并且作为一个新广告媒体的代表而广受赞誉。网络广告主要的特性体现在以下几个方面。

（一）传播的广泛性

网络广告的传播不受时间和空间的限制，通过国际互联网把广告信息24小时不间断地传播到世界各地，网民可以在任何地方的互联网上随时随意浏览广告信息，这些效果是传统媒体无法达到的。

（二）受众数量的可统计性

传统媒体做广告，很难准确地知道有多少人接收了广告信息。而在互联网上可通过权威公正的访客流量统计系统精确统计出每个客户的广告被多少个用户看过，以及这些用户查阅的时间和地域分布，从而有助于企业正确评估广告效果，审定广告投放策略。

（三）信息传播的非强迫性

报纸、杂志、电视、广播、户外等传统传媒在传播信息时，都具有较大的强迫性，强迫观众接受它们所传播的信息，容易引起受众的反感；而网络传播的过程则完全是开放的、非强迫性的，广告主在投放广告时应更多考虑该广告能否让更多的人接收到它。

（四）信息传播的感官呈现性

传统媒体是二维的，而网络广告是多维的。网络广告的载体基本上是多媒体和超文本格式文件，它以图形、声音、影像、文字的形式传送多感官的信息，使消费者能全方位亲身“体验”产品、服务与品牌，并且可以在网上进行预订、交易和结算，大大增强了网络广告的实效。这些是传统媒体所无法实现的，体现出了其独有的优势。

（五）信息传播的交互性和纵深性

交互性强是网络媒体最大优势，它与传统媒体的信息单向传播不同，是信息互动传播。通过链接，用户可以从相关的站点中获取他们认为有用的信息；另外，用户也可以通过广告位直接填写并提交在线表单信息，企业随时可以得到宝贵的用户反馈信息，缩短了用户和企业之间的距离，提高了成交率。

（六）投放的针对性

截至 2018 年 6 月，我国网民以 10 ~ 39 岁年龄段为主要群体，其所占比例达 70. 8%，具有初中以上学历的网民占到 83. 4%，71. 6% 的互联网用户家庭人均月收入达 2000 元以上。因此，网络广告的目标群体是年轻、有活力、受过一定教育、购买能力强的消费群体。通过提供众多的免费服务，网站可以建立完整的用户数据库系统。这些资料可帮助企业分析市场与受众，根据广告目标受众的特点，有针对性地投放广告，并根据用户特点做定点投放和跟踪分析，对广告效果做出客观准确的评价。

（七）信息传播的实时性

在传统媒体上发布广告后更改的难度比较大，即使可以改动也需要付出很大代价。

例如，电视广告发出后，播出时间就已确定。因为电视是线性播放的，牵一发而动全身，改动播出时间，往往全天的节目安排都要重新修改，代价很高，如果企业对安排不满意，也很难更改。对于网络广告而言则容易得多，因为网站使用的是大量的超级链接，一个地方的改动对其他地方的影响很小，可以根据客户需要及时变更广告内容，网络广告制作周期短、成本低，这样，企业的经营决策变化就能及时实施和推广。

（八）受众关注度高

据资料显示，电视并不能集中人的注意力，电视观众中约有40%的人同时在阅读，21%的人同时在做家务，13%的人在吃喝，10%的人在烹饪，9%的人在写作，7%的人在打电话。而55%的网上用户在使用计算机时不做其他事情。

（九）可重复性、可检索性

报纸广告只能保留一天，电台、电视台广告甚至只保留几秒、几十秒。如果错过广告时间，就不能再得到广告信息。而互联网上发布的商业信息一般是以月或年为单位，网络广告将文字、声音、画面完美结合，用户很容易检索到所需信息，重复观看。

（十）价格优势

电台、电视台的广告虽以秒计算，但是费用动辄成千上万元；报刊广告也价格不菲。与它们相比，网络广告由于节省了报刊印刷和电台、电视台昂贵的制作费用，成本大大降低，可以使企业以较低的成本达到广而告之的目的，使大多数企业、个人都可以接受。

实例8-1　2019年网络广告市场规模将突破6000亿元

在2018年中国互联网大会闭幕论坛上，中国互联网协会正式发布了《中国互联网发展报告2018》（以下简称《报告》）。《报告》共32章，分为综述篇、资源与环境篇、应用与服务篇、附录篇四篇，通过翔实的数据和客观的分析，对电商、共享经济、音视频服务、网络媒体等领域，进行了系统梳理。

《报告》显示，2017年中国网络广告市场规模达3828.7亿元，在中国广告市场中占比超过50%。随着互联网广告规模的不断扩大，预计到2019年中国网络广告市场规模将突破6000亿元。2017年中国各形式网络广告中，电商广告占比为29.8%，与2016年基本持平；信息流广告占比超过14%，继续保持高速增长；搜索广告占比持续下降，预计在2020年保持在20%左右的份额。

扫一扫，查看“2017年中国网络广告发展状况”。

三、网络广告形式

最初的网络广告就是网页本身。当越来越多的商业网站出现后，怎样让网站快速拥有知名度就成了一个问题，企业急需一种可以吸引浏览者到自己网站的方法，而网络媒体也需要依靠它来赢利。第一种网络广告形式就是网幅广告，它和传统的印刷广告有点类似。但是有限的空间限制了网幅广告的表现，它的点击率不断下降，目前网幅广告的平均点击率已经不到1%。

扫一扫，查看“VIPABC 网络广告案例”。

（一）网幅广告

网幅广告是以 SWF、GIF、JPG 等格式建立的图像文件，定位在网页中，大多用来表现广告内容，同时还可使用 Java 等语言使其产生交互性，用 Shockwave（冲击波）等插件工具增强表现力。网幅广告包含旗帜、Banner、通栏、全屏、巨幅摩天楼广告等。

正像我们前面提到的，网幅广告是最早的网络广告形式，也是互联网广告中最常见的广告形式。IAB（美国互动广告局）在 1997 年的大规模网络广告综合调查中广泛向企业、广告代理商和用户征求了关于网幅广告的尺寸意见，1997 年提出了参考性的标准网幅尺寸（IAB CASIE Banner Size）。目前，绝大多数站点应用的网幅广告尺寸如表 8－1 所示，它们反映了企业和用户的双方需求和技术特征。

表 8－1　　标准网幅尺寸

尺寸（像素）	类型
468×60	全尺寸 Banner
392×72	全尺寸带导航条 Banner
234×60	半尺寸 Banner
125×125	方形按钮
120×90	按钮#1
120×60	按钮#2
88×31	小按钮
120×240	垂直 Banner

我们可以把网幅广告分为三类：静态、动态和交互式。

1. **静态**

静态的网幅广告就是在网页上显示一幅固定的图片，它也是早年网络广告常用的一种方式。它的优点是制作简单，容易被网站接受。它的缺点也显而易见，在众多采用新技术制作的网幅广告面前，它显得有些呆板和枯燥。事实也证明，静态网幅广告的点击率比动态的和交互式的网幅广告低（如图 8 - 1 所示）。

图 8 - 1 某网站的静态网幅广告

2. **动态**

动态网幅广告拥有会运动的元素，或移动或闪烁。它们通常采用 GIF89 的格式，原理就是把一连串图像连贯起来形成动画。大多数动态网幅广告由 2 ~ 20 帧画面组成，通过不同的画面，可以传递给浏览者更多的信息，也可以通过动画的运用加深浏览者的印象，它们的点击率普遍要比静态网幅广告高。而且，这种广告在制作上相对简单，尺寸也比较小，通常在 15k 以下。正因为动态网幅广告拥有如此多的优点，所以它是目前最主要的网络广告形式（如图 8 - 2 所示）。

3. **交互式**

当动态网幅广告不能满足要求时，一种更能吸引浏览者的交互式广告产生了。交互式广告的形式多种多样，比如游戏、插播式、回答问题、下拉菜单、填写表格等。这类广告需要更加直接的交互，比单纯的点击包含更多的内容。交互式广告分为超文本和多媒体（Rich Media）两种。

交互式网幅广告允许浏览者在广告中填入数据或通过下拉菜单和选择框进行选择，比动态网幅广告的点击率要高得多，它可以让浏览者选择要浏览的页面，提交问题，甚至玩游戏。这种广告的尺寸小、兼容性好，连接速率低的用户和使用低版本浏览器的用户也能看到（如图 8－3 所示）。

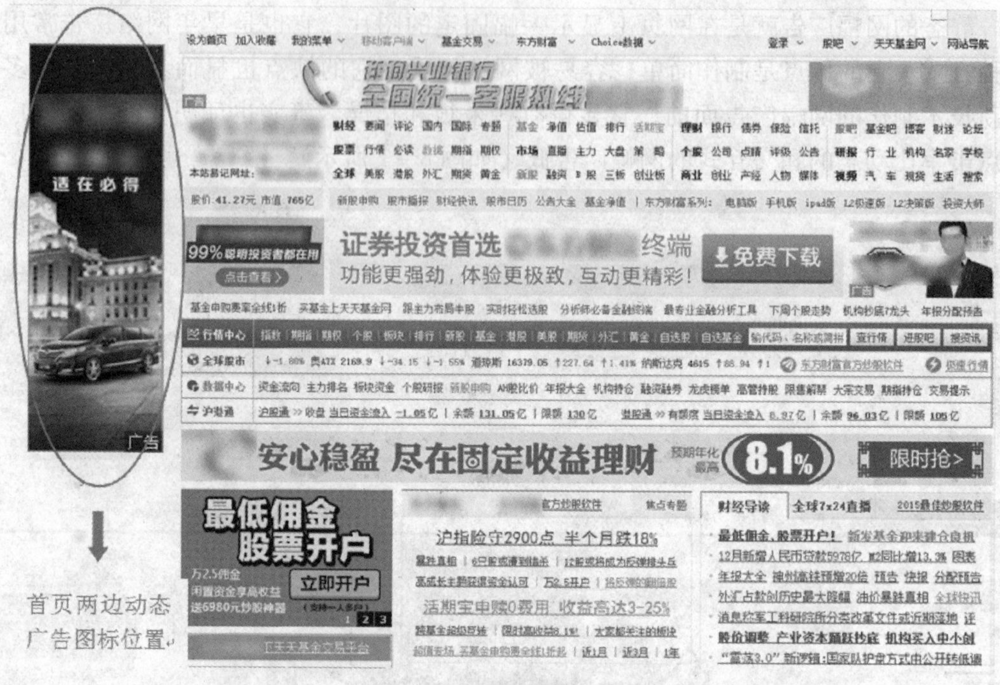

图 8－2　东方财富网的动态网幅广告

图 8－3　商家交互式网络广告

（二）文字链接广告

以文本形式放置在网页显眼的地方，长度通常为 10～20 个字符，内容多为一些吸引人的标题，然后链接到指定页面。这是一种对浏览者干扰最少，却较为有效的网络广告形式。极具成本效益的推广方式，精彩的文字创意同样会收到意想不到的效果。

如图 8－4 所示，用黑色线条勾勒出来的地方就是文字链接广告。位置十分灵活，可位于页面的任何位置，可以横排也可以竖排，每一行就是一个广告，点击每行都可以进入相应的广告页面。

今日话题 农村青年罗炼的梦想痛苦症

· 为范美忠的生存权辩护　三鹿谢幕之后　应届生眼中的2008
· 三鹿赔偿责任应独立于其破产程序　几内亚政变是一锅老汤
· 对山寨宽容一点，天塌不下来　孙立平谈建立利益均衡机制
· 吕日周：领导干部要带头推动法治进程　谁言Q路无知己

· 上QQ充话费，快捷又便宜
· 网游精彩活动，QQ充值即刻参加
· 羽绒棉衣衣柜里必备的款式

冬季浪漫
休闲裙装

博客　视频　李绍先谈以色列空袭加沙

· 2009年最被看好的十大牛股　· 在巴黎一掷千金的富豪是谁
· 闾丘露薇：谁说澳门变很惨　· 宁财神：拒绝为网店做代言
· 郑渊洁：我最该感谢的女人　· 名企白领自曝企业裁人毒招
· 浙江富婆澳洲买房惊险遭遇　· 李艾：凭什么说黑就不美？
· 周总理眼中的美女有多漂亮　· 李小璐：治疗情伤的特效药
· 怎样放弃相恋七年的绝情男　· 绝色名模们永葆青春的秘方
· 爆笑：美女必学的舌头功夫　· 什么样女人天生会嫁好男人

08年最美的新娘是她　江青早年婚纱照曝光　全球最迷人十位王妃

QQ空间：找朋友　精彩空间　QQ校友　美女PK　城市达人

投资商讯
最新公开明天短线牛势大金股
09年致富项目排行　闪电致富
天天公开三只　强势牛股
今日股市　独家泄密5只牛股
点击查看　3只强势牛股已公开
靠什么发家致富　天天　赚钱
想致富　90个好项目赚钱快
09年　做什么生意最赚钱　图
88个火爆行业－－稳赚的秘密
打工不如开个赚钱小店　图
英语学习　特好特佳的方法
好项目　让你上班兼职两不误
投资1000元　叫你想不赚都难
09年让人发财致富的好项目集
适合上班族创业好项目　图
股市惊爆一小时前的重要消息
公开牛股大曝光　请验证
腾讯最特权网游地下城与勇士

图8－4　交互式网幅广告

（三）E-mail 广告

调查表明，E-mail 是网民最经常使用的互联网工具之一。只有不到 30% 的网民每天上网浏览信息，但却有超过 70% 的网民每天使用 E-mail。

E-mail 广告具有针对性强（除非企业分发无目的性）、费用低廉的特点，且广告内容不受限制。特别是针对性强的特点，使它可以针对具体某一个人发送特定的广告，这是其他网上广告方式无法比拟的优势。

电子邮件广告一般采用文本格式或 HTML 格式。文本格式，就是把一段广告性的文字放置在新闻邮件或经许可的 E-mail 中间，也可以设置一个 URL，链接到广告公司主页或提供产品、服务的特定页面。HTML 格式的 E-mail 广告可以插入图片，和网页上的网幅广告没有什么区别，但是因为许多 E-mail 的系统是不兼容的，HTML 格式的 E-mail 广告并不是每个人都能完整看到的，因此把 E-mail 广告做得越简单越好，文本格式的 E-mail 广告兼容性最好（如图 8－5 所示）。

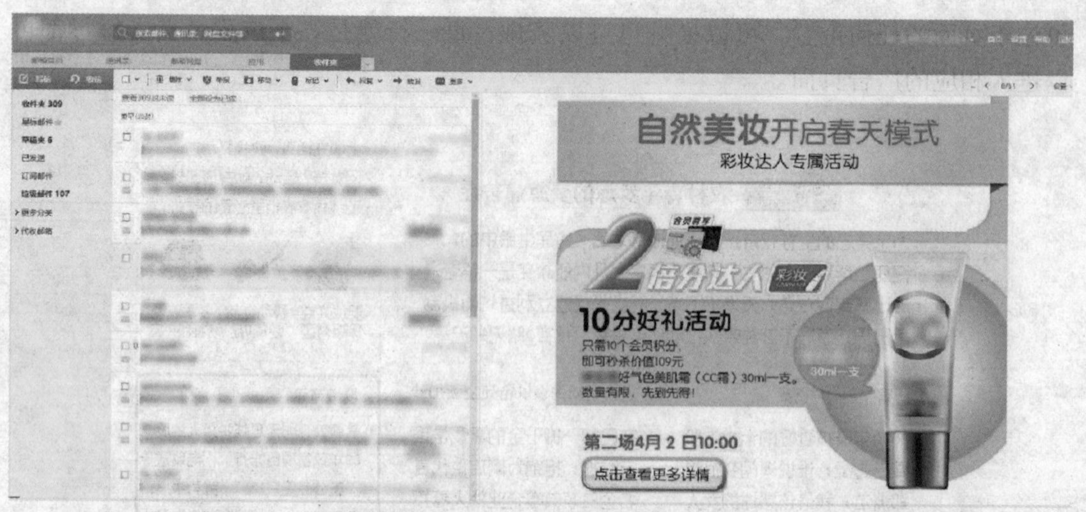

图8-5　电子邮件广告

（四）流媒体广告

流媒体广告在频道首页下载后出现数秒的大尺寸图片广告，第一时间吸引用户的注意力。

流媒体广告以其集众媒体广告优势于一身的绝对优势，将为广告主提供更好的表达产品信息或其他服务信息的方式。随着宽带的发展，普通的消费者也可以享受到先进的宽带网络，流媒体广告更将会因此独特的优势而大行其道。流媒体的优势特点有以下几方面。

①节省时间。与传统的多媒体播放形式相比，流媒体可以实现边下载边播放，从而大大节约了时间。

②传播范围广。流媒体广告的传播不受时间和空间的限制，它通过网络把广告信息24小时不间断地传播到世界各地。值得一提的是，这里的网络并不仅仅指以电脑为载体的万维网络，还包括手机网络等在线移动网络。

③强烈的感官冲击。流媒体彻底改变了传统互联网只能表现文字和图片的缺陷，而可集音频、视频及图文于一体，使消费者能亲身体验产品、服务与品牌。

④非强迫性传送资讯，易被受众接受。众所周知，报纸广告、杂志广告、电视广告、广播广告、户外广告等都具有强迫性，都是要千方百计吸引读者的视觉和听觉，强行灌输到读者的脑中。而流媒体广告则属于按需广告，具有报纸分类广告的性质却不需要读者彻底浏览，它可让读者自由查询，将要找的资讯集中呈现给读者，这样就节省了读者的时间，避免无效的、被动的注意力集中，从而不会引起读者的反感，更容易被接受。

⑤交互性强。交互性是流媒体广告不同于传统媒体的信息单向传播的优势，流媒体广告所传达的信息可实现互动传播，用户可以获取他们认为有用的信息，厂商也可以随时得到宝贵的用户反馈信息。

⑥针对性强。信息传递更直接，流媒体广告可利用独有的流媒体技术对目标受众进行专门发送，用户可以拥有更多自主权和选择权，客户可以更直接命中最有可能的潜在用户。

⑦受众数量可准确统计。利用传统媒体做广告，很难准确地知道有多少人接收到了广告信息，而在 Internet 上可通过公正的访客流量统计系统精确统计出一个广告被多少个用户看过，以及这些用户查阅的时间分布和地域分布，从而有助于客商正确评估广告效果，审定广告投放策略。

⑧品牌识记性强。据一项调查显示，受测者在观看流媒体广告后对品牌的回忆度是非流媒体形式的160%以上，点击率是 banner 的 5 倍以上。

由于流媒体广告的特点和优势，作为代表未来网络广告的发展方向，它的出现必将重新划分媒体广告的格局，被众多的广告商所喜爱。

①宽带网的出现和发展，将为流媒体广告的发展提供了一个良好的契机。随着宽带网的普及，摆脱了带宽这个最大瓶颈之后的网络，其发展前景是可以任由人想象的。宽带网能够进行持续的大容量信息传输，这将会使流媒体广告完全突破容量的限制，在表现力上达到并超过传统媒体广告。

②能与更多载体结合，流媒体广告将与人们的生活越来越贴近。随着流媒体技术的成熟，基于流媒体的移动多媒体广告的应用将会更加广泛。也将得到上网手机等移动媒介的喜爱。除此之外，流媒体广告还可以在视频点播、远程教育、视频会议等方面广泛应用。低廉的价格必将促进网络在国内的进一步普及，进而带动网络广告价值的大大提高，企业将会比以前更乐意在网络上投放广告，特别是流媒体广告。

（五）赞助式广告

赞助式广告的形式多种多样，除传统的网幅广告之外，可给予企业更多的选择。赞助式广告可分为广告置放点的媒体企划创意及广告内容与频道信息的结合形式。

例如，新浪“竞技风暴”首页，NIKE（耐克）赞助了该频道，名字也相应改成“NIKE 竞技风暴”，并配上不同栏目。

浏览者对于每天浏览的网站往往比较信任，所以在这些网站的信息中夹杂企业的信息比单纯的广告更有作用。广告不一定能吸引广大受众的注意，位于网页最上方的大块版位也不一定是最好的选择，广告内容若能与广告置放点四周的网页资讯紧密结合，效果可能比选择网页上下方的版面位置更好，此外广告尺寸大小也不是决定广告效果的标准，尺寸小（例如 120×30、88×31 等）、下载速度快的广告形态，也会受到商业服务或金融业客户的青睐；工具栏形态的广告如网页中的分隔线，巧妙地安排在网页内容里，虽然空间有限只适于作简单的图像和文字的表达，但对预算有限的企业而言也不失为一种选择（如图 8－6 所示）。

图 8－6　某网赞助式广告

（六）与内容结合的网络广告

广告与内容结合可以说是赞助式广告的一种，从表面上看起来它们更像网页上的内容而并非广告。在传统的印刷媒体上，这类广告都会有明显的标示，指出这是广告，而在网页上通常没有清楚的界限。

这种广告以网页内容的形式出现，所以它们的点击率往往比普通的广告高。然而，企业在做这种广告的时候需要非常小心，如果让浏览者有上当受骗的感觉，就会对品牌造成负面的影响。与内容结合式广告最引人争议之处在于商业利益与媒体内容混淆不清。国外常见的浏览整合的广告方式，将广告主的网站链接或者图像整合在网站首页的功能表中，虽然降低受众对广告的抗拒，却可能引发他们对网站产生排斥与不信任。值得注意的是，企业可能为了广告的诉求而提供偏颇的信息，受众通常也难以分辨其中的真假，这对网络媒体的资讯内容也可能造成冲击。

（七）自动弹出式网络广告

自动弹出式广告也称“插播广告”“弹跳广告”，是指访客在请求登录网页时强制插入一个广告页面或弹出广告窗口。它们有点类似电视广告，都是打断正常节目的播放，强迫观看。自动弹出式广告有各种尺寸，有全屏的也有小窗口的，而且互动的程度也不同，从静态的到全部动态的都有。浏览者可以通过关闭窗口选择不看广告（电视广告是无法做到的），但是它们的出现没有任何征兆。

企业较喜欢这种广告形式，因为它们肯定会被浏览者看到。只要网络带宽足够，企业完全可以使用全屏动画的插播式广告。这样屏幕上就没有什么信息能与企业的信息“竞争”了。

自动弹出式广告的缺点就是可能引起浏览者的反感。互联网是一个免费的信息交换媒介，所以在其发展初期是没有广告的，部分网民认为互联网的商业化和网络广告都是无法容忍的。普通网民根据自己的浏览习惯，选择自己参观的网站。当网站或广告主强迫他们浏览广告时，往往会使他们反感。为避免这种情况的发生，许多网站都使用了弹出窗口式广告，而且只有 1/8 屏幕的大小，这样可以不影响正常的浏览（如图 8－7 所示）。

图 8－7　自动弹出式网络广告

下面是使用自动弹出式广告的几条规则，它们可以帮助企业避免引起浏览者的反感。

1. 选择已经使用自动弹出式广告的网站

把自动弹出式广告投放在以前使用过自动弹出式广告的站点，可以得到最好的回报，因为浏览者已对此形成习惯。

2. 使用小于全屏的自动弹出式广告

小尺寸的自动弹出式广告比全屏的自动弹出式广告更容易被浏览者接受。它们通常只有 1/4 屏幕那么大。

3. 当浏览者的屏幕处于空闲状态

比如在浏览者下载软件的过程中出现广告，这样可以避免引起他们的反感，因为这不仅不会打断浏览者的浏览，反而可以给他们无聊的等待过程带来点消遣。

（八）Rich Media Banner

Rich Media Banner 又称 Extensive Creative Banner（多创意广告），一般指使用浏览器插件或其他脚本语言、Java 语言等编写的具有复杂视觉效果和交互功能的广告，这些效果的使用是否有效一方面取决于站点的服务器端设置，另一方面取决于访问者的浏览器是否能顺利查看。

一般来说，富媒体广告要占据比一般动态广告更多的空间和网络传输字节，但由于能表现更多、更精彩的广告内容，往往也会被一些企业采用。国际性的大型站点也越来越多地接受这种形式的广告。

常见的富媒体广告中使用的技术如下。

（1）使用Java语言开发的Applet（小程序），表现复杂的交互性和特殊视觉效果，无须插件，下载速度快，缺点是制作技术复杂。

图8－8为Freestyle Interactive为Sun（升阳公司）制作的一个Java广告，Freestyle设计了一个9洞的迷你高尔夫游戏，游戏目标就是以最少的杆数把球打进洞，使它成为“.com”的那个“.”。9个洞的地貌各不相同，有草地，有沙滩，有火山……，而且配合不同的地貌画面会出现不同的效果，球的滚动路线、反弹力完全符合力学模型，非常真实。控制起来也极其简单，鼠标点击就能完成，但这并不减弱它的趣味性，而且它还配有积分表，这样浏览者就可以和朋友一较高低了。而这一切都体现在了一个468×60的广告中，相信每一个玩过它的人都会为它的神奇效果而啧啧称奇。在制作上，该广告使用了Java技术，数据放在服务器端，采用实时传输的方法，每打一洞传一幅画面，这样可以减少数据一次性传输所需的等候时间，更容易吸引玩家（如图8－8所示）。

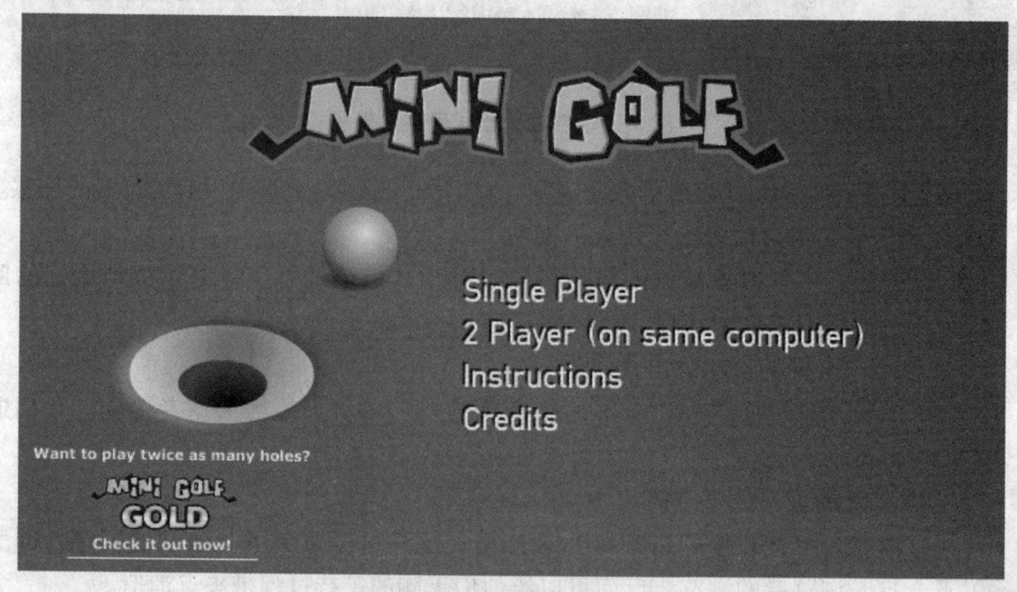

图8－8　富媒体广告

Java广告也可以让浏览者在广告界面上完成下订单等工作。

在Java广告的制作方面，目前比较流行的是IBM HotMedia软件，它支持交互式的多轨动画、全景、旋转、缩放和滚动图像，图像间个别的定时和变换效果（例如，溶解、擦除、滑动和缩放），内建声画同步的流式视频，能够放大或缩小以及旋转3D图像等，功能极其强大。

（2）使用Macromedia（宏媒体公司）Shockwave/Flash插件编写的广告，能用较少的文件字节表现动态的矢量图形和渐变效果，这一技术正在被越来越广泛地应用，缺点是浏览器需要安装插件。

Flash 文件的尺寸较小，使它成为低带宽条件下最好的动画载体。

除了 Flash，Macromedia 公司的另一个产品 Shockwave，在网络广告方面也应用极广。Shockwave 的功能比 flash 更强大，互动性更强。图 8－9 为用 Shockwave 制作的一个广告，形式上是一个棒球游戏，它有着较高的互动性。

图 8－9　Shockwave Banner

（3）JavaScript 编写的广告，主要提供交互性功能，可以把标准的 Windows 控件插入广告中，我们经常看到的含有下拉式列表框的动态广告、浮动图标等都属于这个范畴。

图 8－10 显示的是易趣网的 JavaScript 广告，它采用了 MouseOver（鼠标移动到标签）的控件。当用户看到这个 468×60 的网络广告，鼠标移动到广告上面时，JavaScript 会自动打开下拉框，出现一个页面更大、内容更为丰富的广告页面。用户可以选择自己感兴趣的方面，直接点击进入相应的页面。这样，一个广告表述了更多内容，而且实现了更多的功能。广告页面的设计别具匠心，实际上浓缩了易趣网首页的精华内容，成为一个迷你的易趣网站。

（4）V－Banner（视频广告）。

V－Banner 是将 3～5 秒的视频剪辑内容集成到传统的广告中，以增强广告的视觉冲击力，几乎所有的浏览器用户都可以顺利查看而无须担心是否已经安装了必要的插件。

富媒体广告涵盖了相当广的网络广告类型，除了上面提到的几类外，还有使用 Onflow（流量）、VRML（虚拟现实建模语言）等技术的广告。

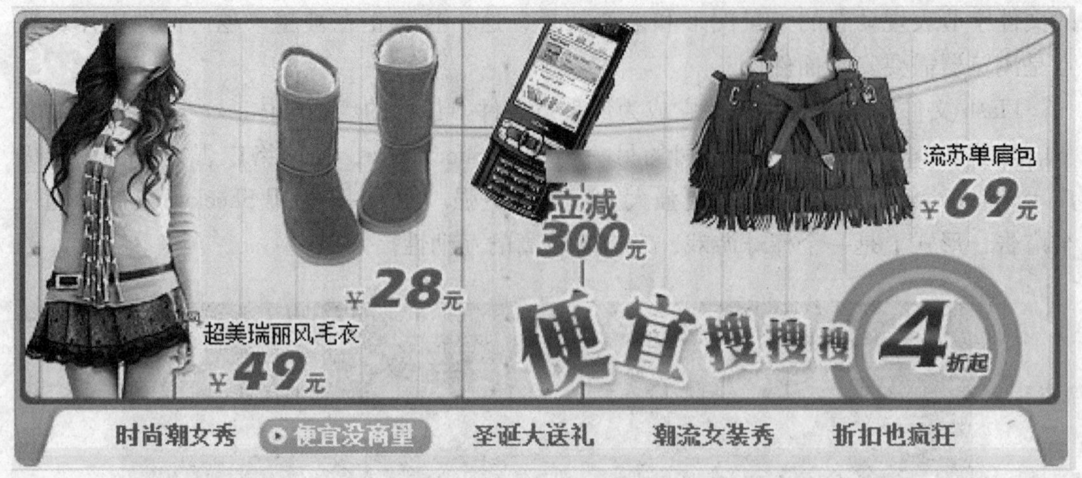

图 8－10　JavaScript Banner

（九）屏保

屏保能在计算机空闲时以全屏的方式播放动画，并且能配上声音，可以说屏保是计算机上最好的广告载体。许多知名品牌都制作了自己的屏保程序放在网上供用户下载，并且用户也会使用 E-mail 来传递屏保程序。制作良好的屏保可以得到相当广的流传，制作公司可以用很小的投入换来极佳的宣传效果（如图 8－11 所示）。

图 8－11　屏保广告

（十）书签和工具栏广告

浏览器的收藏夹和工具栏现在也成了广告的载体。某些软件会在用户安装的同时，在用户的浏览器工具栏上生成广告的按钮。

（十一）在线软件广告

使用过 OICQ（腾讯前身）的用户一定会发现在聊天的终端窗口会出现一条广告条，而且它会自动轮换播放（如图 8－12 所示）。

图 8－12　在线软件广告

这样一个拥有大量用户的软件，理所当然成为一个极好的广告媒体。随着在线软件广告的发展，人们越来越意识到了它的优越性。一般来说，人们对软件的忠诚度要比对网页的忠诚度高。举个例子，一个 OICQ 用户每天看的网页不同，但他必然会打开 OICQ 进行聊天，这对于他来说是重要的选择。从某种意义上说，在线软件广告有着比网页广告更好的前景。

（十二）其他广告形式

除了以上列出的网络广告形式外，其实还有许多其他新的广告形式，它们是网络广告主要形式的有效补充。

扫一扫，查看“网络广告的策划”。

四、网络广告报价

网络广告与传统广告相比，在价格上有较低的标准，具有很强的价格优势。不同网站的做法各有不同。

（一）某网络广告报价

某网络广告报价，如表 8－2 所示。

表 8－2　　　　　　　　　　　　某网络广告报价

广告形式	表现形式	规格（像素）或说明	价格（元）	
			天	周
（一）独立广告品种及刊例价格				
冠名（带图）	GIF/JPG	图片：85×90<10k 文字：8 个字以内	—	30000
迷你首页右侧竖栏	GIF/JPG/SWF	150×240<30k	10000	60000
迷你首页小横幅	GIF/JPG	125×24<10k	3000	18000
迷你首页文字链	8 字	10 个字以内 （套红加收 30% 的费用）	2000	12000
（二）常规广告品种及刊例价格				
首页全屏广告	GIF/SWF	910×500 15～45k 播放时长：8 秒	9000	54000
首页背投广告	GIF/SWF	910×500 15～45k	9000	54000
首页浮层广告	GIF/SWF	450×400<20k	5000	30000
首页首屏按钮广告	GIF/SWF	150×90<10k	3000	18000
首页通栏一屏	GIF/JPG/SWF	750×90<20k	6000	36000
首页通栏二屏	GIF/SWF	910×120<20k	9000	54000

（二）某搜索引擎网络广告报价

某搜索引擎网络广告报价，如表 8－3 所示。

表 8－3　　　　　　　　　　某搜索引擎网络广告报价

广告类型	频道	广告形式及位置	刊例价格（元）	形式说明	个数和轮播数
图文画中画	新闻	热点新闻右侧图文画中画	30 万/月/目录（国内/国际/财经/汽车/体育/娱乐/社会）	上方为 Flash 文件 270×150，大小不超过 15k，尺寸为 270×150；下方为 3 个标签，每个标签名为 4 字以内，每个标签可显示 2 行 40 字的文字内容	7 个
			20 万/月/目录（互联网/房产/健康/科技）		4 个
			10 万/月/目录（游戏/教育）		2 个

续　表

广告类型	频道	广告形式及位置	刊例价格（元）	形式说明	个数和轮播数
视频/流媒体	图片	搜索结果页视频广告	180000/天	视频框尺寸；320×297，视频内容尺寸；320×240；500k，Flash文件，15秒	1个
	新闻	搜索结果页视频广告	60000/天	224×168 pix（不含播放边框）视频文件500k以内；初载静态图10k以内（格式：FLV）	1个
	影视	首页疯狂流媒体	40000/天	750×500；Flash文件；≤500k	1个
	其他	其他基于既有广告位的视频广告在原广告位价格基础上翻倍			

五、网络广告合同

合同，亦称契约。我国《合同法》第二条规定，合同是平等主体的自然人、法人、其他组织之间设立、变更、终止民事权利义务关系的协议。

电子合同是通过计算机网络系统订立的、以数据电文的方式生成、存储或传递的合同。网络广告合同是以网络广告为标的的电子合同。

实例8-2　网络广告合同案例

1. 甲方为推广其客户形象、产品或服务，同意按照本合同的规定在乙方网站上发布广告。

2. 《广告采购条款》是本合同的组成部分，与本合同具有同等法律效力。

3. 本合同的规定与《广告采购条款》中的规定不一致的，以本合同为准。

4. 本合同自双方签署盖章之日起生效。除非双方另有明确规定，本合同传真件同样有效。

广告内容 http：//www. ×××××. com/biz/ad. gif

广告超文本链接地址 http：//www. ×××××. com/biz/index. asp

备注：

甲方：北京×××传媒有限公司

乙方：杭州×××技术有限公司

联系地址：杭州市603号邮政信箱

邮政编码：310006

联系负责人：赖晓峰

电话号码：86-0571-×××××××××

传真号码：86-0571-870×××××-××××

电子邮件：××××@9sky. com；laixf@ sina. com

即时通信：QQ，××××××或 MSN，×××××@ sina. com

开户银行：广东发展银行杭州分行

银行账号：668××××××××144

授权代表：韩宇

签署日期：2017. 03. 05

广告采购条款

甲乙双方本着平等互利、诚实信用的原则，依据《中华人民共和国合同法》及相关规定，经友好协商，达成如下协议以共同遵守。

第一条　媒体采购投放事宜

付款方式：甲方在本次广告投放结束后20日内支付广告费。

第二条　甲方的义务

1. 在本合同有效期间，甲方负责向乙方提供链接发布需要的图文信息文件。

2. 甲方保证其所提供的链接图文信息文件符合我国广告法律法规的有关规定并且该文件本身并无瑕疵。

第三条　乙方的义务

1. 乙方保证乙方是指定网站的合法所有者和经营者。

2. 乙方保证指定网站在本合同的有效期内能够正常运行。

3. 乙方保证将甲方提供的图文信息文件置于指定网页的指定位置。

4. 乙方保证不包括且不通过乙方网站提供任何被认为或可能认为属于下述内容的材料：

a. 中国的法律认为是诽谤、色情、淫秽或诬蔑的内容；

b. 侵犯任何第三方公众形象或隐私的内容。

第四条　知识产权及保密

1. 双方使用的所有硬件、软件、程序、密码、商品名、技术、许可证、专利、商标、技术知识等皆归各方所有，另一方对此无任何权利或利益。

2. 双方在本合同有效期间获知的对方的商业秘密、技术秘密等需双方保密的事项，在合同期间及合同终止后两年内不得向第三方披露或公开。

3. 以上第2款并不因本合同的解除、终止、撤销而失效。

第五条　违约责任

乙方未能按照甲方方案要求播放，乙方应予以加倍补偿。

第六条　争议解决

执行本合同发生争议，由当事人双方协商解决。协商不成，双方同意由杭州市仲裁委员会仲裁。

第七条 其他

1. 本合同一式两份，文字无异，双方各执一份；协议经双方法定代表人或代理人签字，并/或盖章后即行生效。

2. 本合同未尽事宜，双方可以在本合同附件中另行约定。

六、网络广告排期

网络广告排期，即根据广告投放的日期，在一定时期内，以不同形式对广告进行投放，或者以相同形式的广告在不同位置、不同时间进行投放。

企业希望通过广告实现企业的利益，如何科学地制定一个投放策略，是很重要的问题。

选择好适当的媒介之后，媒介策划人员就要决定每个媒介购买多少时间或单元，然后安排在消费者最有可能购买的时期发布广告。这里主要有三种方法。

（一）持续式排期

广告在整个活动期间持续发布，没有变动。这是建立持续性的最佳途径。这种方法的优点在于广告持续地出现在消费者面前，不断地累积广告效果，可以防止广告记忆下滑，持续刺激消费动机，并涵盖整个购买周期。其缺点为在预算不足的情况下，采取持续性露出，可能造成冲击力不足，而竞争品牌容易挟较大露出量切入攻击。适宜采用此种方式的产品主要有汽车、电视、房地产以及一些日常用品等，因为这些产品的销售时间限制不明显。

（二）起伏式排期

有广告期和无广告期交替出现。这种间歇性排期比较适合需求波动较大的产品和服务。这种排期的优点在于可以按竞争需要，调整最有利的露出时机，可以“集中火力”以获得较大的有效到达率，机动且具有弹性。其不足在于广告空档较长，可能使消费者对广告记忆跌入谷底，增加再认知难度，有竞争品牌以前置方式切入广告空档的威胁。适宜采用这种方式的产品和服务主要有冷饮类药品、服装等，因为这些产品及服务具有较大的需求波动性。

（三）脉冲式排期

脉冲式排期是持续性排期和起伏式排期的结合体。消费者的购买周期越长，越适合采用脉冲式排期。这种排期的好处在于持续累积广告效果，可以按品牌需要，加大在重点期间露出的强度。而缺点是必须耗费大量的预算。采用这种排期方式时，企业全年都维持较低的广告水平，但在销售高峰期采用一时性脉冲增强效果。适宜采用这种方式的产品主要有软饮料、空调等，它们虽然一年四季都有销量，但夏季销量猛增。

七、网络广告的发布

网络广告的发布渠道和方式众多，企业可以根据自身的需求及广告的目标、选用恰当的网络广告发布渠道及方式。目前，可供选择的渠道和方式主要有以下几种。

（一）通过主页发布

建立企业主页，对于大企业来说，是一种必然的趋势。这不但是一种企业形象的树立，也是宣传产品的良好工具。实际上，在互联网上做广告，归根结底要设立企业主页。其他的网络广告形式，无论是黄页、工业名录、免费的互联网服务广告，还是网上报纸、新闻组，都是提供了一种快速链接至企业主页的形式，所以说，在互联网上做广告，建立企业的主页是最根本的。主页是企业在互联网进行广告宣传的主要方式。按照今后的发展趋势，一个企业的主页地址也会像企业的地址、名称、标志、电话、传真一样，是独有的标识，将成为企业的无形资产。如图 8－13 所示为某官网的主页。

图 8－13　某官网页面

（二）通过专业销售平台发布

这是一种专类产品直接在互联网上进行销售的方式。现在，消费者只需在一张表中填上自己所需汽车的类型、价位、制造者、型号等信息，然后轻轻按一下搜索键，计算机就可以马上列出完全满足消费者需求的商品的各种细节以及销售信息。

（三）通过免费的互联网服务

在互联网上有许多免费的服务，如网易、搜狐等都提供大量的免费服务，很多用户都喜欢使用。因此，这些网站的访问量非常大，是网上较引人注目的站点，自然这类网站也成了网络广告发布的重要阵地。需要注意的是，在这些站点上发布广告的费用都比较高，所以需要考虑投入与产出的问题，同时还应该考虑各服务商的受众群体等问题。

（四）通过搜索引擎排名发布

在互联网上有一些专门用以查询检索服务的网络服务商的站点。如著名的雅虎、百度、谷歌等。这些站点就如同电话黄页一样，把在其网站上登录的企业按类别划分，便于用户进行站点的查询。在其页面上，都会给企业留出一定的位置做广告。比如在百度上，在搜索一栏中输入关键字的信息，页面中就会出现所找的相关信息。

在这些页面上做广告的好处是针对性好，查询的过程都是以关键字区分的，所以广告的针对性较好；醒目，处于页面的明显处，较易为正在查询相关问题的用户所注意，容易成为用户浏览的首选。

（五）通过企业名录发布

一些互联网服务提供者或政府机构会将一些企业信息融入他们的主页中。只要用户感兴趣，就可以直接通过链接，进入相应行业代理商（或者配件商）的主页上。

（六）通过网上报纸或杂志发布

在互联网日益发展的今天，一些世界著名的报纸和杂志，如美国的《华尔街日报》《财富》，国内的《人民日报》《文汇报》《中国日报》等，纷纷在互联网上建立了 Web 主页。更有一些新兴的报纸与杂志，完全放弃了传统的“纸”媒，完完全全成了一种“网络报纸”或“网络杂志”，成为人们必不可少的生活伴侣。对于注重广告宣传的公司，在这些网上杂志或报纸上做广告也是一个较好的传播渠道。

（七）通过新闻组发布

新闻组也是一种常见的互联网服务，它与公告牌相似。人人都可以订阅，成为新闻组的一员。成员可以在新闻组上阅读大量的公告，也可以发表自己的公告或者回复他人的公告。新闻组是一种很好的讨论与分享信息的方式。对于一个企业来说，选择在与本企业产品相关的新闻组上发表自己的公告是一种非常有效的传播自己的渠道。

（八）通过 BBS 发布

企业通过 Telnet 或 Web 方式在电子公告栏上发布广告信息，提供新闻讨论、下载软件、聊天等功能，针对性比较强。适合行业性很强的企业。

（九）通过 E-mail 发布

在互联网上有很多服务商提供免费或收费的 E-mail 服务，而 E-mail 在网络中已经被广泛使用。利用这一优势，能够帮助企业将广告主动送至使用 E-mail 服务的用户手中。

八、网络广告结案报告

网络广告结案报告就是对网络广告投放的总结性分析报告。在网络广告投放时需要考虑：首先，必须合理设定这次广告活动的预算、目标、周期长度、受众范围。其次，根据设定的要求制订媒体计划，选择媒体，确定广告出现的位置和尺寸。再次，根据设定的要求亲自或委托其他服务机构为企业设计制作网幅广告。在广告正式发布前测试一下点击过程，看看广告站点的广告能否正确地链接到目标网站，并保证目标网站在广告投放期间能稳定运行。如果在这中间出现无法连接的故障应及时通知广告网站，暂停广告播放以免浪费广告费用。

网络广告效果的评估主要是从主动点击、交互、销售收入等方面进行分析。

实例 8-3　养生堂“尖叫”运动型饮料

1. 广告创意：一个单一兴趣点的广告，可以引起关注，但无法引起思考和深度认知。该广告成功将目标群体的“尖叫”和他们的兴趣多次关联，让他们发现，他们可以找到不同“尖叫”的理由，形成重复认知，并加深品牌意识。

2. 广告特色：时尚创意、精确投放、重复引导，利益驱动。

3. 广告实施：该广告从目标群体的网络行为习惯入手进行媒介选择，并在不同的网站播出具有关联性的“尖叫”广告，通过邮件和 MINISITE（活动网站）通知网民不同的广告可能出现的网站，网民注册之后找出规定数量的广告形式，即可获取抽奖机会。不仅最大限度迎合目标群体的需要，而且可大大激发目标群体的参与热情。

4. 广告投放原则：充分考察了产品上市推广覆盖面的要求，同时着重对目标群体的网络行为进行分析，制订出有针对性的媒介策略。

5. 广告投放组合分析：①投放网站。新浪、盛大、搜狐、QQ、联众、5460、TOM。②网站选择分析。新浪和 TOM 覆盖了大部分的目标受众，从产品形象宣传方面来说，提升了广告的到达率；盛大是目标受众最集中的游戏类网站，该广告分布在盛大的几个主要游戏栏目中，无论是产品知名度和受众到达率都得到了很好的推广效果。③QQ、联众等网站的特性是网民年轻、活动参与性高，是深入推广产品的很好途径，在此推广中也获得了非常好的效果。

6. 活动效果分析：①在广告投放期间，活动网站平均每天的访问量为 61063 次，是网络广告中效果最好的广告之一；②活动获得的注册用户的性别比例与年龄区间与产品的目标受众特性吻合，充分证明了“尖叫”非常适合在网络媒体上推广；③此次活动的注册用户转化率为 2%，在近期的网络活动中属于效果非常好的。

九、网络广告结算

支付是价值与使用价值交换的过程，比如我们得到了商品或服务，是为了得到它的使用价值，因而必须付出价值（即一定数量的货币）。而结算是一个交易双方权利义务终结的过程，发票就是结算的一种体现形式。与交易结算相关的证书与单据还有品质证书、原产地证书、运输凭证及提单等单据，这些活动其实就是所有权交接、转移的证明，也是利益与风险交接的法律界限，只有这些过程都结束了，双方在法律上的权利义务才能结束，因此结算是交易双方在权利义务上的终结。

网络广告结算就是网络广告的付款，其方式主要分为预付款和后付款两种。预付款一般针对的是效果营销，如 CPC 广告（每千人点击成本广告），广告主只有先付款后才可能投放广告。后付款一般针对品牌广告，投放完毕出结案报告，企业根据结案报告、发票付款。

常用的网络广告付款模式：

1. CPM（Cost Per Milli-impression，**每千人印象成本**）

它是依据播放次数来计算的付费模式。广告图形或文字在计算机上显示，每 1000 次为一收费单位。这样，就有了计算的标准 ，例如，一个网幅广告的单价是 50 元/CPM，那么，广告投入如果是 5000 元则可以获得 100 × 1000 次播放机会。这种方式比之于笼统的广告投入是一个进步，它可以将广告投入与广告播放联系起来。在 CPM 中印象的标准是不同的，有 Page Views（页面浏览量）也有 User Sessions（访问量）前者是访问次数，后者则是一个用户的活动过程。Page Views 反映了有多人访问企业的网页，User Sessions 反映了多少人到过企业网站。

这种付费模式最直接的好处就是把广告与广告受众联系了起来。CPM 是现阶段较常用的付费模式之一。

2. CPC

每千人点击成本的付费模式则是以实际点击的人数为标准来计算费用的。它仍然以 1000 次点击为单位。比如，一则广告的单价是 40/CPC 则表示 400 元可以买到 10 × 1000 次点击。与 CPM 相比，CPC 是更科学和更细致的广告付费方式，它以实际点击次数而不是页面浏览量为标准，这就排除了有些网民只浏览页面，而根本不看广告的虚量。当然，CPC 相应的成本与付费比 CPM 要高。尽管如此，CPC 仍然比 CPM 更受欢迎，它能直接明确地反映出网民是否对广告内容产生兴趣。

3. CPA（Cost Per Action，**每行动成本**）

CPA 计价方式是指按广告投放实际效果，即按回应的有效问卷或订单来计费，而不限广告投放量。CPA 的计价方式对于网站而言有一定的风险，但若广告投放成功，其收益也比 CPM 的计价方式要大得多。企业为降低广告费用，只有当网络用户点击旗帜广告、链接广告主网页后，才按点击次数付给广告站点费用。

4. CPR（Cost Per Response，**每回应成本**）

以浏览者的每一个回应付费。这种广告计费充分体现了网络广告“及时反应、直接互动、准确记录”的特点，属于辅助销售的广告模式，对于那些对广告质量要求不高的，大概所有的网站都会给予拒绝，因为得到广告费的机会比 CPC 还要渺茫。

5. CPP（Cost Per Purchase，**每购买成本**）

企业为降低广告费用，只有在网络用户点击旗帜广告并进行在线交易后，才按销售笔数付给广告站点费用。无论是 CPA 还是 CPP，企业都要求发生目标消费者的“点击”，甚至进一步形成购买，才予以付费；CPM 则只要求发生“目击”（或称“展露”“印象”），就产生广告付费。

6. **包月方式**

是按照“一个月多少钱”这种固定付费模式来收费的，这对客户和网站都不公平，无法保障广告客户的利益。虽然国际上一般通用的网络广告收费模式是 CPM 和 CPC，但在我国，目前网络广告收费模式仍存在含混不清的现象，网络广告商们有的使用 CPM 和 CPC 计费，有的采用包月付费的形式，不管效果好坏与访问量多少，一律一个价格。尽管现在很多大的站点多已采用 CPM 和 CPC 计费，但很多中小站点依然使用包月制。

7. **按位置、广告形式的综合付费**

它是以广告在网站中出现的位置和广告形式为基础所征收的固定费用。与广告发布位置、广告形式挂钩，而不是与显示次数和访客行为挂钩。在这一模式下，发布商是按照自己所需来制定广告收费标准的。

8. **其他计价方式**

某些企业在进行特殊营销专案时，会提出以下方法个别议价：

①CPL（Cost Per Leads，以收集潜在客户名单多少来付费）；

②CPS（Cost Per Sales，以实际销售产品数量来换算广告刊登金额）；

③PFP（Pay-For-Performance，按业绩付费）基于业绩的定价计费基准，有根据点击次数、销售业绩、导航情况等，收取网络广告费用。

目前，比较流行的计价方式是 CPM 和 CPC，最为流行的为 CPM。如雅虎广告的计算标准就以 CPM 为主，在广告价格上一般会因时间长短不同而稍有区别，投放时间越长越能获得 5% ~10% 的优惠。而搜狐的主要计价模式则是按位置、广告形式的综合计费，即把网站频道划分成不同等级，然后按照不同等级频道的位置和广告形式计费。

课题二　如何评价网络广告的效果

网络广告的效果评价关系到网络媒体和企业的直接利益，也影响到整个行业的正常发展，企业总希望了解自己投放广告后能取得什么回报，于是就产生了这样的问题，究竟怎样来全面衡量网络广告的效果呢？下面将从定性和定量的角度介绍几种基本的评价方法。

一、网络广告评价指标

测定和评估广告效果可从以下方面入手。

（一）注意率

包括广告的接触者数量，接触者范围以及在一定时期内接触广告的次数即接触频率，实际是对广告交流效果的评定。

（二）到达率

包括知名度、理解率和确信率三个层次。即通过广告活动，消费者是否知道企业的名称等信息，有多少消费者理解了广告所传达的信息，又有多少消费者信服了这些广告信息继而采取一定行为和形成心理态度的转变。

（三）行动率

行动率包括三个方面：一是消费者对企业的正向心态即对企业的赞许态度的增加与否；二是市场销售额的变化；三是市场占有率的变化。企业通过以上三方面来确定广告行动率高低，来确定广告在促成购买行动上的作用。

网络广告效果测评由于技术上的优势，有效克服了传统媒体的不足，表现在①更及时。网络的交互性使得消费者可以在浏览访问广告点时直接在线提出意见。广告主可以立即了解广告信息的传播效果并得到消费者的反馈。②更客观。网络广告效果测评不需要人员参与，避免了调查者个人主观意向对被调查者产生影响。因而得到的反馈结果更符合消费者本身的感受，信息更可靠、更客观。③更广泛。网络广告效果测评成本低，耗费人力物力少，能够在网上大面积展开，参与调查的样本数量大，测评结果的正确性与准确性大大提高。

二、网络广告的效果评价

网络广告效果贯穿于网络广告活动的全过程，包括网络广告调查、网络广告策划、网络广告创意和制作、网络广告发布和实施等活动。网络广告效果的评价，不仅可以对企业前期的广告运作做出客观的评价，而且能够对企业今后的广告活动起到指导作用，它对于提高企业的广告效益具有十分重要的意义。

（一）有利于完善广告计划

通过网络广告效果的评价，可以检验原来预定的广告目标是否正确，网络广告形式是否运用得当，广告发布时间和网站的选择是否合适，广告费用的投入是否经济合理，等等，从而提高制订网络广告活动计划的水平，争取更好的广告效益。

（二）有利于提高广告水平

通过了解消费者对广告的接受程度，鉴定广告主题是否突出，广告诉求是否针对消费者的心理，广告创意是否吸引人，是否能起到良好的效果，从而改进广告设计，制作出更好的广告作品。

（三）有利于促进广告业务的发展

网络广告效果评价能客观地肯定广告所取得的效益，可以增强企业的信心，使其更精心地安排广告预算，而广告公司也容易争取广告客户，从而促进广告业务的发展。

三、网络广告效果评价的特点

（一）测评迅捷性

测评迅捷性一方面指的是信息的发布速度快，另一方面指的是信息的反馈和更换速度快。对于广告制作来说，从材料的提交到发布，所需时间可以是数小时或更短。传统的广告形式很难及时、快速地反映广告的效果，它往往要等到广告已播了一段时间后再进行广告效果评价。这样，企业就不能及时地得到用户的反馈，而且如果选择的评价时间不合适，就不能较准确地评价出广告效果。网络广告与传统广告形式相比最大的特点就是它具有交互性。广告受众或访问者在访问广告站点时，能够在线提交表单或发送 E-mail，企业能够在很短的时间内迅速接收到信息，并根据客户的要求和建议及时地反馈。网络广告的交互性使得网络广告效果评价既迅速又直观，企业可以随时了解广告的受欢迎程度、广告的传播效果，甚至通过计算还可得知广告的经济效果。

（二）数据准确性

传统广告效果评价无论是采用问卷调查还是专家评估，都只能得出一个粗略的统计数据，如果在调查时间和调查对象的选择上不恰当，还可能得出错误的数据。网络广告在这一方面具有明显的优势：首先，互联网从它诞生起就是一个技术型的网络，它的技术优势是传统广告媒体无法比拟的，它的全数字化表明了统计数据的准确性。其次，互联网是一个开放的全球化网络系统，其广告传播的时间是全天候的，传播范围十分广泛。而对于网络广告效果评价来说，它具有极其广泛的调查目标群体，其评估结果的准确性也得到了前所未有的提高。企业通过亲自或委托 Web 评级公司安装使用适当的软件工具，就能很容易地统计出具体而准确的数据。

（三）统计自愿性

这是网络广告特有的一个性质。传统的广告媒体特别是电视广告，不管观众是否愿意，都强行把广告塞给观众。广告受众只能被动地接受这些信息，几乎没有选择的权利。网络广告本身就带有自愿性的特点，它使访问者充分享有自主选择的权利，可以按照需要查看广告。网络广告效果评估的调查表也完全由网上用户自愿填写，这也从一定程度上提高了评估的准确性。

（四）互动性

网络广告的互动性主要体现在通过网络，广告受众可以方便地与企业交换意见，避免了调查者个人主观意向对被调查者产生影响。因而，得到的反馈结果更符合消费者本身的感受，信息更可靠更客观。这一点是普遍公认的。这种互动性的另一个显著特点是一对一的直接沟通，隐蔽性好，广告受众反映的意见准确、真实。

（五）广泛性

网络广告效果测评成本低，耗费人力、物力少，能够在网上大面积展开，参与调查的样本数量多，测评结果的正确性与准确性大大提高。

四、网络广告效果评估的标准

1. 网络广告效果测定的标准

主要以浏览者进入广告页面的次数为标准。主动点击：这种效果评估标准是指网络广告效果的好坏关键要看浏览者是否点击了该广告，点击的次数有多少。交互：交互是网络媒体与传统媒体的又一重要区别，网络广告很好的体现了交互这一特点，浏览者在浏览广告的同时还要与广告赞助商形成信息的交流，这样的网络广告才是有效的。该指标评价广告效果的好坏就主要看目标受众主动与广告赞助商联系的次数的多少。销售收入：广告能引起销售收入，那么广告当然是有效的。问题在于销售收入在多大程度上要依赖于网络广告。因为引起销售的因素是很多的，包括促销、公关、产品、价格、销售渠道、消费者的消费行为特性等。所以，用销售收入为标准来衡量网络广告效果是困难的。

一般来说，达到衡量标准的难易程度与广告衡量的准确程度是正相关的。即衡量广告效果的标准越易达到，这种衡量的准确程度就越低。所谓衡量效果的准确与否都是相对的概念，对于不同类型、不同目的的广告要选择不同的测量方法，如衡量企业形象广告效果，就应该用浏览率或点击率作为标准，采用销售效果为标准就不太适合。每种效果测定的标准都要通过具体的试验以及实践的经验来最终确定。试验是尤其重要的手段。比如，对于 Banner 广告来说，研究点击率和广告的面积、文件类型、广告与页面内容的相关性的关系是非常有意义的。

2. 传播效果的评估

要看创作理念的传达效果是否明确。一个作品的成功与否，起决定作用的往往不是技术的先进，而是精神的高尚！因此，一个精神理念极其鲜明的作品，会带给公众诸多的反思和反省，得到公众的认同，激起公众的行动意识，这样的作品才是一个立意深刻的好作品。同时作品还要传达和体现出正确的精神和文明的理念，这种理念才是作品的根基和深层内涵，才是会被社会理解、被公众认可的。

3. 过程效果评估

网络广告活动的过程效果是指网络广告作品通过网络媒体刊登后所产生的作用和影响，或者说目标受众对广告宣传的结果性反应。网络广告的过程效果可以分为经济效果和心理效果。网络广告的经济效果是指所谓网络广告活动在促进产品、劳务销售以及增加企业利润等方面的作用。所谓网络广告的心理效果是指广告活动在消费者心理上引起反应的作用。

4. 要素效果评估

首先确定营销目的是什么，比如有些企业就是用来进行 CRM（客户关系管理）的，有的企业是进行产品推广的，有的是对自己互联网产品进行推广的，确定营销的目的是什么，才能做出对企业最有利的判断。

5. 受众评估

根据国内权威市场研究及策略提供机构（开元研究）的中国平面媒体广告价值研究体系，对于广告效果评估要参考如下因子，进行加权评估。受众规模因子：主要参考发行数据。开元研究自身拥有大量一手的发行数据研究，在 20 个城市有定期发行监测研究。在这方面，我们会假定发行量越大的媒体，广告价值越高。这是媒体广告价值评估分析的主要构成因子。受众构成因子：主要参考阅读率数据。数据来源包括开元读者研究数据、其他第三方公开的阅读率数据以及媒体自身提供的受众构成数据等。在这方面，我们会假定媒体受众群体与产品销售群体的吻合度越高，广告价值越高。这是媒体广告价值评估分析的重要构成因子。媒体对受众影响力因子：主要参考媒体在互联网的二次传播能力。数据来源开元研究网络数据挖掘研究体系，通过对 4.5 亿网民的上网痕迹监测和 600 亿网页数据的分析挖掘，研究该媒体在网络二次传播的映射，折射出该媒体实际的阅读人群特性和社会影响力度。在这方面，我们会假定媒体在相关领域互联网形成二次传播的能力越强，广告价值越高。这是媒体广告价值评估分析的参考构成因子。广告主对媒体的认同因子：主要参考广告监测数据。数据来源于第三方广告监测机构购买数据。在这方面，我们会假定媒体在相关领域广告集中度越高，广告价值越高。这是媒体广告价值评估分析的参考构成因子。

6. 主动点击

主要是以浏览者进入广告页面的次数为标准。主动点击这种效果评估标准是指网络广告效果的好坏关键要看浏览者是否点击了该广告，点击的次数有多少。

7. 交互

交互是网络媒体与传统媒体的又一重要区别，网络广告很好地体现了交互这一特点，浏览者在浏览广告的同时还要与广告赞助商形成信息的交流，这样的网络广告才是有效的。该指标评价广告效果的好坏主要看目标受众主动与广告赞助商联系的次数的多少。

8. 销售收入

广告能带来销售收入，那么广告当然是有效的。问题在于销售收入依赖网络广告的程度。因为引起销售的因素很多，包括促销、公关、产品、价格、销售渠道、消费者的消费行为特性等。所以，用销售效果为标准来衡量网络广告效果存在困难。

扫一扫，查看“优质广告创意案例分享”。

任务总结

本章通过一个网络广告求职任务讲述了网络广告的概念、特点和优势，网络广告的策划过程，如何发布网络广告及如何评价网络广告的效果。

网络广告就是以互联网为媒体发布、传播的商业广告。或简言之，网络广告指利用数字技术制作和表示的基于互联网的广告。

网络广告主要的特性体现：①网络广告传播的广泛性。②广告受众数量的可统计性。③网络传播信息的非强迫性。④网络信息传播的感官呈现性。⑤网络信息传播的交互性和纵深性。⑥网络广告投放的针对性。⑦网络信息传播的实时性。⑧网络广告的受众关注度高。⑨网络广告的可重复性、可检索性。⑩网络广告的价格优势；等等。

网络广告的发布形式：①通过主页发布。②通过专业销售平台发布。③通过免费的互联网服务发布。④通过搜索引擎排名发布。⑤通过企业名录发布。⑥通过网上报纸或杂志发布。⑦通过新闻组发布。⑧通过 BBS 发布。⑨通过 E-mail 发布。

评价网络广告的效果：①网络广告评价指标。②网络广告的效果评价。

了解了网络广告效果评估的意义和网络广告效果评估的特点。

通过本任务的学习，学生要了解网络广告的概念、特点和优势，网络广告的策划过程，如何发布网络广告和如何评价网络广告的效果。通过本章的学习，根据设计网络广告的工作内容和职业要求，学生能够根据自身情况分析与一名优秀的网络广告设计师的差距，如知识技能与素质素养上的差距等，并做出针对性的努力，及早制订职业规划；能够自觉遵守网络广告行业规范，规避网络不实、不良信息，为互联网商品受众提供有效、有用的信息，促进网络广告的健康发展。

EQ驿站

矛与盾（故事新编）

楚人司马阳花重金进了一批货，是 100 根好矛和一根次品矛，还有 100 块好盾和 1 块次品盾，因为战争期间，这样的产品很抢手，司马阳十分看好，一早起来，就带着这些东西出发了。

找到一处大集市，司马阳找了一块空地放好东西，敲了一会儿锣就开始吆喝起来，等围观的人来得差不多了，司马阳放下锣举起手中的盾，说：“各位，请瞧我手上的这块盾，这可是用上好的材料一次锻造而成的好盾，质地特别坚固，任凭您用什么锋利的矛也不可能戳穿它。”大家看后不住地点头。

司马阳一看有效果很高兴，又拿起了地上的矛，接着说：“各位，再看看我手上的矛，它可是经过千锤百炼打制出来的好矛，矛头特别锋利，不论您用如何坚固的盾来抵挡，也会被我的矛戳穿。”大家听得目瞪口呆。

过了一会儿，只见人群中站出来一个汉子，指着司马阳问：“你刚才说，你的盾坚固无比，无论什么矛都不能戳穿，而你的矛又是锋利无双，无论什么盾都不可抵挡。那么请问如果我用你的矛来戳你的盾，结果又将如何呢？”

司马阳听了哈哈一笑，说：“这位兄弟问得好，我也想看看到底谁厉害，今天借这个机会，我可以当场试验一下。”说完，司马阳从中抽出那根坏矛，对着盾狠狠戳了下去，就听“当”的一声，矛头折断了，围观的人先是很惊讶，然后，爆发出雷鸣般的掌声，接着，人们都开始买盾，当然，价格抬得很高，不久，除了那块次品盾，司马阳不卖外，全部销售一空。

等大家都走后，司马阳收拾好东西，又找了一处大集市，重新开始卖，遇到的情况和原先差不多，他也很高兴地展示起来，只不过这次是用好矛戳次品盾，当然盾被戳穿，大家又开始疯狂买矛，都卖出去之后，司马阳拍着鼓鼓的钱包，笑呵呵地回家了。

这个小故事告诉我们广告形式的选择是企业是否获得利润的关键，广告要随形势变化而变化。

检测练习

扫一扫，查看任务八课后习题。

任务九　网络营销活动策划

任务提出

小李毕业后，应聘到某公司营销策划部，负责企业网络营销活动计划的制订。为了更好地完成工作，小李必须了解网络营销活动策划的概念、内容、制订原则和具体的操作步骤。假如你是小李，你打算怎么做?

任务分析

要想很好地完成工作，必须了解网络营销活动策划的含义、原则、策划要点、方案撰写等知识。因此，本次任务涉及如下内容：

1. 网络营销活动策划的含义

网络营销策划就是为了达成特定的网络营销目标而进行的策略思考和方案规划的过程。

2. 网络营销活动策划的制订原则

网络营销活动策划要遵循系统性原则、创新性原则、操作性原则、经济性原则和协同性原则。

3. 网络营销活动策划的方案制订

制订策划网络营销方案是为达到一定的营销目标而制订的综合性的、具体的可操作的网络营销策略和活动计划。

任务分解

为了完成以上内容，可以把本任务分解成如下三个课题。

课题一：了解网络营销活动策划

课题二：网络营销活动策划实施

课题三：网络营销活动策划方案撰写

下面分别对这些课题的目标进行确认，并对其实施给予理论和实践上的指导。

课题一　了解网络营销活动策划

本课题的目标是通过学习网络营销活动策划的定义、原则和要点，了解网络营销活动策划。通过对任务的分析，主要包括以下几个方面：

- 网络营销活动策划的定义
- 网络营销活动策划的原则
- 网络营销活动策划的要点

网络营销活动策划（Marketing Planning）是一种智慧与策略相结合的营销活动，主要是为了改变企业现状，达到企业理想目标，以满足消费者需求和欲望为要点，借助科学方法与创新思维来制订适应企业长久性发展的营销方案的活动，它具有前瞻性、全局性、创新性、系统性的特点。网络营销活动策划适合每一个产品，甚至包括无形的服务。它要求企业具有一定的灵活性，可以根据市场环境变化和自身资源状况做出相应的规划，从而提高产品销售额，获取更多的利润。

网络营销活动策划并不单指网站推广，也并不单指网上销售。网络营销活动所带来的效果也是多种表现，比如网络营销对客户服务的支持、对线下产品销售的促进、对公司品牌拓展的帮助等。网络营销活动策划就是为了达成特定的网络营销目标而进行的策略思考和方案规划的过程。

一、网络营销活动策划的定义

网络营销活动策划就是为了达成特定的网络营销目标而进行的策略思考和方案规划的过程。在理解网络营销活动策划定义的时候，我们一定要有“特定的网络营销目标”这一前提，也就是要明白策划的对象、策划要达成的目标。同时，网络营销活动策划首先要做的是营销策划，网络只是营销策划的范围而已。网络营销亦称线上营销或者电子营销，指的是一种利用互联网的营销形式，是以线上营销为导向，以网络为工具，由营销人员利用专业的网络营销工具，面向广大网民开展一系列营销活动的新型营销方式。网络营销也可以理解为以国际互联网为基础，利用数字化的信息和网络媒体的交互性来辅助营销目标实现的一种新型的市场营销方式。简单来说，网络营销就是为达到特定网络营销目的而进行的策略思考和方案规划的过程。

二、网络营销活动策划的原则

（一）系统性原则

网络营销是以网络为工具的系统性的企业经营活动，它是在网络环境下对市场营销的信息流、商流、制造流、物流、资金流和服务流（“六流”）进行管理的营销。因此网络营销活动方案的策划，是一项复杂的系统工程。网络营销活动策划人员必须以系统论为指导，对企业网络营销活动的各种要素进行整合和优化，使市场营销的“六流”皆备，相得益彰。

（二）创新性原则

网络为顾客比较不同企业的产品和服务带来了非常大的便利。在个性化消费需求日益明显的网络营销环境中，通过创新，创造与顾客的个性化需求相适应的产品和服务，是提高效用和价值的关键。特别的付出才能换来特别的回报，特色不仅意味着与众不同，而且意味着额外的价值。在网络营销活动方案的策划过程中，必须在深入了解网络营销环境尤其是顾客需求和竞争者动向的基础上，努力创造出顾客所喜欢的产品特色和服务特色。

（三）操作性原则

网络营销活动策划的第一个结果是形成网络营销方案。网络营销方案必须具有可操作性，否则就毫无价值可言。这种可操作性，表现为在网络营销方案中，策划者根据企业网络营销的目标和环境条件，就企业在未来的网络营销活动中做什么（What）、为何做（Why）、何时做（When）、何地做（Where）、何人做（Who）、如何做（How）的问题进行周密部署、详细阐述和具体安排。也就是说网络营销策划方案是一系列具体的、明确的、直接的、相互联系的行动计划的指令，一旦付诸实施，企业的每一个部门、每一个员工都能明确自己的目标、任务、责任以及完成任务的途径和方法，并懂得如何与其他部门或员工之间相互协作。

（四）经济效益原则

网络营销策划必须以经济效益为核心。网络营销活动策划本身消耗一定的资源，而通过网络营销活动方案的实施，也会改变企业经营资源的配置状态和利用效率。网络营销活动策划的经济效益，是策划所带来的经济收益与策划和方案实施成本之间的比率。一个成功的网络营销活动策划，应当是在策划和方案实施成本既定的情况下取得最大的经济收益，即花费最小的策划和方案实施成本而取得最大目标的经济收益。

（五）协同性原则

网络营销活动策划应该是各种各样营销手段的整合运用，相辅相成，而不仅仅是单个方法的独立使用。如论坛、博客、社区、QQ、微信、网络媒体等资源平台要一起协同应用才能真正达到网络营销活动资源整合的最佳效果。

三、网络营销活动策划要点

一次成功的营销活动是依靠营销策划、产品设计与生产、人员调配、广告宣传、物流配送、效果评估等一系列的环节相互协作而来的，要认清网络营销活动的策划重心是在于系统的配合，而不是孤军奋战。

（一）抓住客户的心

抓住客户的心是营销的根本目的，也是让客户产生消费欲望的主要因素之一。营销者只有赋予产品魅力，让产品活起来，才能使客户对营销产品提起兴趣。如果连让客户提起兴趣的要求都无法达到，那必然是一次失败的营销。

（二）正确了解市场环境

市场调研几乎是所有营销活动实施前的第一步，市场环境是营销活动的灵魂，无论是企业营销部门的管理者还是高层的决策者，又或是进行营销活动策划的执行者，都应该具有了解市场环境的潜意识，市场环境是能直接决定一个营销活动存亡的关键。无论营销活动的规模大小，只有对市场环境进行正确深入的了解，才是营销活动的王道。

（三）价值大于价格

让客户把品牌关注点由价格转移到品牌的价值上，是营销活动策划想要获得成功的要素之一。从消费者的角度考虑，优质的产品，良好的服务，必然是消费者价值观转化的关键。只有让消费者真正地体会到产品的服务与价值，才可以使消费者获得营销产品的价值体验，从而实现营销成果的转化。

（四）了解客户的需求与想法

消费者心里的想法与需求是营销活动的价值把握准则。目前大多数营销者未能学会分析客户的需求与想法，并据此进行营销决策与品牌管理。不管未来的营销趋势如何，营销的对象是消费者，这样的定律是亘古不变的，所以对营销者来说，正确地了解客户的需求与想法，才能进行正确的营销决策与品牌管理。

（五）以客户价值为目标

以客户的价值为目标需要整个营销过程进行配合。想要为产品品牌树立一个良好形象，以客户价值为目标这一环必不可少。

（六）品牌个性的价值

品牌个性是品牌的核心价值。品牌个性不但可以让品牌拥有适应市场规则的竞争力，还可以保持品牌的独立性。所以挖掘品牌的核心价值，应该是营销活动策略制定的第一步。

扫一扫，查看“‘楼兰蜜语’主题活动案例”。

课题二　网络营销活动策划实施

本课题的目标是通过学习充分理解网络营销活动策划的重要性、实施原则和实施策略，能够完成简单的网络营销活动策划。主要包括以下几个方面：

- 网络营销活动策划的实施原则
- 网络营销活动策划的重要性
- 网络营销活动的实施策略
- 网络营销活动策划的涵盖内容

扫一扫，查看“解析活动策划四阶段”。

一、网络营销活动策划的实施原则

网络营销活动策划是脑力与科学的结合，一个成功的营销活动并不是单靠脑力活动或是偶然来实现的，需要明确的实施原则。

（一）以全面信息为依据

网络营销活动策划要求通过建立广泛的信息网络，把同决策与策划相关的资料整合收集起来，以全面的信息为依据，从而增加其决策与策划的准确性，减少盲目性和风险度。

（二）以专业的指导为骨干

网络营销活动策划必须要以专业的指导为骨干，通过各方面专家的参与、专业咨询机构的加入，可以使企业做出更全面的营销活动策划方案，并可利用这些专业的指导对不同的营销策划方案进行评价和选择，从而保证营销活动策划质量的最优化。专业的营销策划指导，可以对营销活动的行动步骤进行衔接安排，对策划进行可预测性的谋略措施，使营销活动策划充分发挥作用，促成企业的最终目标。

（三）以科学的技术为手段

网络营销活动策划必须充分运用同营销策划相关的各种学科原理与方法，还要以科学的手段来辅助营销活动策划的决策与策划，这样做可以提高其准确性与效率。

（四）创新性原则

网络为顾客对不同企业的产品和服务所带来的效用和价值进行比较带来了极大的便利。在个性化消费需求日益明显的网络营销环境中，通过创新，创造和顾客的个性化需求相适应的产品和服务，是提高效用和价值的关键。特别的奉献才能换来特别的回报。创新带来特色，特色不仅意味着与众不同，而且意味着额外的价值。在网络营销方案的策划过程中，必须在深入了解网络营销环境尤其是顾客需求和竞争者动向的基础上，努力营造旨在增加顾客价值和效用、为顾客所欢迎的产品特色和服务特色。

（五）操作性原则

网络营销策划的第一个结果是形成网络营销方案。网络营销方案必须具有可操作性，否则毫无价值可言。这种可操作性，表现为在网络营销方案中，策划者根据企业网络营销的目标和环境条件，就企业在未来的网络营销活动中做什么、何时做、何地做、何人做、如何做的问题进行了周密的部署、详细的阐述和具体的安排。也就是说，网络营销方案是一系列具体的、明确的、直接的、相互联系的行动计划的指令，一旦付诸实施，企业的每一个部门、每一个员工都能明确自己的目标、任务、责任以及完成任务的途径和方法，并懂得如何与其他部门或员工相互协作。

互联网发展到今天，开始慢慢地成熟，越来越多的人已认识到网络给我们带来的种种方便和利益，而企业也在寻求能深入互联网进行全方位的发展的方法所谓兵马未动，粮草先行，企业进行网络营销时最重要的是需要进行相应的准备和策划，像品牌联播网络营销机构，在进行网络营销之前，都会首先进行网络营销策划，继而稳健地走好网络营销的每一步。企业进行网络营销最重要的是需要有一个网络营销方案，且其具有可操作性，否则网络营销的开展方面就会变得异常困难。

（六）经济性原则

网络营销策划必须以经济效益为核心。网络营销策划本身会消耗一定的资源，但通过网络营销方案的实施，可以改变企业经营资源的配置状态和利用效率。网络营销策划的经济效益，是策划所带来的经济收益与策划和方案实施成本之间的比率。成功的网络营销策划，应当是在策划和方案实施成本既定的情况下取得最大的经济收益，或花费最小的策划和方案实施成本取得目标经济收益。

（七）协同性原则

网络营销策划应该是各种营销手段的应用，而不是方法的孤立使用。诸如论坛、博客、社区、网络媒体等资源要协同应用才能真正达到网络营销的效果。

二、网络营销活动策划的重要性

现代社会新事物不断涌现，在这种趋势的影响下，消费者的消费理念已慢慢改变，使得传统营销方式稳定性降低，企业开始寻找与和社会同步的营销方式。消费者消费心理的改变给了其他营销方式一个发展的机会，网络营销成了企业另一种营销手段。网络营销已成为企业实现盈利的重要途径，网络的可视化与互动性，使企业品牌更加突出，品牌意义得到提升。因此网络营销活动策划主要有以下作用。

①有利于进一步明确企业营销目的，这样可以从根本上消除企业在经营活动方面的盲目性，避免企业资源浪费。

②有利于提高企业营销活动针对性，确保了企业后续营销工作的有效开展。

③有利于增强企业营销活动计划性，避免主观随意性，这样能使企业的营销步上更规范有序的台阶。

④实现企业营销活动的个性和差异性，随着客户个性与需求不断突出，企业要想在市场中脱颖而出，就必须要有个性与差异性，这就要求策划人员必须具备敏锐的洞察力。

⑤提高企业自身的产品竞争力和营销效益。在同类产品差异不大的情况下，企业的竞争力就来源于自身产品的“卖点”，这个卖点是否足够新奇、有内容，依附的是企业品牌的知名度、美誉度以及销售推广的手法，在这个过程中网络营销活动策划发挥了重要作用，只有通过营销活动策划，才可以提高营销活动的针对性、计划性、主动性和创造性，从而避免企业的无效劳动。

三、网络营销活动的实施策略

（一）网络营销活动策划的方法

网络营销活动策划是企业对市场进行的开拓活动，它贯穿于企业经营管理过程。所以，涉及市场开拓的企业经营活动都可以是网络营销活动策划的内容，我们可以通过以下几种方法来实现。

1. 金点子

从现代营销角度来说，金点子是指拥有丰富市场经验的营销策划人员经过深思熟虑，设想出与企业现状相符并能为企业带来更好收益的主意和方法。

2. 好创意

好创意是指在市场调研基础上，以市场策略为根据，经过系统的训练后，能够有意识地运用新方法将旧要素组合起来的过程。

3. **好谋略**

好谋略是对某项事物、事情完善决策和领导的实施方案。

（二）网络营销活动策划的六个步骤

1. **情景分析**

作为企业首先要明确自身所处环境的经济，政治，法律，社会或文化、技术等各方面的宏观情况，还要关注竞争者、分销商和供应商等的处境与动向。根据这些情况，企业可进行 SWOT 分析［优势（Strengths）、劣势（Weaknesses）、机会（Opportunities）、威胁（Threats）］来调整自身的某些策划方向，在分析中还要注意公司各部门面临的主要问题。

2. **目标**

企业要善于抓住情景分析中捕捉到的营销机会，并进行目标设立、目标市场设定和目标完成时间等各方面的准备，并且还需要为利益的相关者、企业的声誉等相关方面设定目标。

3. **战略**

企业的战略就是选择最有效的方式，在最理想的时间内以最有效的行动来达成目标。

4. **战术**

企业的营销战术需要把战略充分地展开，分成各个小细节，其中也包括了 4P 和各部门人员的时间表和任务。

5. **预算**

营销活动策划实现其目标所需要的成本以及目标所计划的行为。

6. **控制**

在营销活动策划中，企业必须要对这份策划设立检查时间和应急措施，这样是为了更正策划在出现滞后问题时的目标、战略和各种行为。

四、网络营销活动策划的涵盖内容

（一）网站分析

1. **网站流量分析**

安装流量统计系统，比如“数据专家”可以清晰地判断并分析网站营销手段的效果。

①流量来路统计。可以清晰地统计出每年、每月、每日的客流是通过什么渠道来到网站的，可以清晰判断各种推广方法的效果。

②浏览页面和入口分析。可以判断网站中哪个页面客流量大，并且可以分析出客

流是从哪个页面进入网站的。

③客流地区分布。可清晰地分析出网站浏览者的所在地区，并且以图表方式显示出各个地区浏览者的比例。

④搜索引擎与关键词分析。可分析各个搜索引擎带来的流量比例，并且可以分析出客流是通过搜索什么关键词来到网站的。

⑤客户端分析。可以分析出客户端使用的操作系统等信息。

2. 站点页面分析

①主页面整体分析。

②页面标签分析。

③超链接检查。

④浏览速度分析。

⑤源代码设计分析。

3. 网站技术运用和设计分析

①分析技术是否采用合理。

②分析网站构架是否合理。

③分析网站设计是否有亲和力、是否容易阅读。

4. 网络营销基础分析

①关键词分析。

②搜索引擎登记状况分析。

③搜索引擎排名状况分析。

④交换链接相关性。

⑤网络营销主要方法分析。

5. 网站运营分析

①网络投资分析。

②网站运营策略分析。

（二）网站优化

1. 网站结构优化

网站导航、页面布局优化。

2. 网页标签优化

网页 Title（标题）关键词标签、网页标签、图片注释等方面的优化。

3. 网页减肥压缩

专门的网页减肥压缩软件对网页系统进行压缩，提高页面加载速度。

4. 超链接优化

超链接结构、超链接注释、超链接路径优化。设置合理数量的超链接，有助于浏览者快速了解整个网络。

5. 页面内容优化

对主要页面内容进行调整、排版进行优化，让内容更容易阅读。

（三）网站推广

利用网络传播范围广、传播速度快、交互性强、受众群体多样等的优势。通过搜索引擎营销、视频营销、口碑营销、微博营销等网络推广形式的开展，让受众最大限度了解企业的品牌优势，关注企业信息，达到品牌推广、提升知名度、促进销售目的。因此我们主要将从搜索引擎、友情链接、E-mail、BBS、微信微博等方面推广企业网站。

1. SEO

（1）归类总结策略

如今互联网上的资源浩如烟海，你可以按照某种分类或者归类，然后直接列出一个清单，表明相关数据等，这样的文章很容易组织，也容易被作为权威数据而被大量引用。

（2）增加文章内容的权威性

要想把自己的数据作为权威的数据来参考，你就必须把自己的数据弄得更加权威，内容通俗易懂，深入浅出，便于人们理解和掌握，这样有利于更多的人为你传播。

（3）巧妙利用新闻站点和 RSS（简易信息聚合）

撰写高质量的文章，然后在对应的行业新闻网站发布。这些权重高的网站排名高、人气旺，浏览量非常大，能在这里发表文章除了能增加网站的反向链接，还会给你带来意想不到的流量。

（4）利用网址站、目录站和社会化书签

根据自己网站的情况，把自己的网站提交到网站开放目录或者其他免费目录中，在中国的目录站主要有 hao123、百度网址大全、谷歌网址大全等。这些目录站的人气非常旺，如果能被这些网站收录，不仅仅带来的是流量，更重要的为你的网站带去源源不断的网络蜘蛛，这对网站被搜索引擎收录、网站关键词的排名都是非常有效的。把自己的精品文章添加到百度搜藏、雅虎搜藏、Google 书签、QQ 书签等社会化书签。

（5）合作伙伴、链接交换

充分利用合作伙伴或者商业伙伴之间的关系，尽可能地让对方为自己的网站添加一个链接或者互换一个链接（当然要互换权重高的）。有条件的可以提供开源程序或者模板等方式，让采用者留有链接。也可以给内容管理系统或 Blog 系统等开源网站系统提供免费精美模板，并在模板中添加“由××设计”；为开源网站程序开发插件，并留有作者链接；开发有用的工具，发表并留有下载地址等。

（6）利用互动平台，巧妙地留下链接

积极参与问答平台如百度知道、雅虎知识、问问等，在这些问答中不仅仅能为需要者提供解决问题的方案，同时也留下了该站点的链接。参与相关论坛如安全杀毒论坛等。可以为站点添加链接；参与社会化平台如百度百科、维基百科等的编辑；利用一些交易平台或者交换平台，巧妙地留下自己的链接。

（7）撰写评论及答疑方面的文章

利用博客的评论功能，巧妙的留有自己的名称和链接。对名人或者某个有影响的事件撰写评论文章，起到推波助澜的作用，逐步扩大事件的站点的影响力。对于特定情况下出现的问题或者疑问，撰写文章，留下自己的链接。可以对你购买的产品或者广告留下评语，也可以撰写一些推荐信，推荐自己的观点和思维方法等。

（8）利用社会关系在特定场合和人物，借机炒作。

利用社会关系，积极发现在特定场合或者有吸引眼球的地方等，拍摄名人炒作的照片或者某记录下某句话，然后署上精彩点评或者解说，进行抛砖引玉，当然也可以做成访谈之类的文章，便于快速的传播。

2. E-mail

邮箱已成为网民的重要通信工具，虽然因为邮件病毒的影响，许多网民不敢打开不明来历的邮件，但每次进入邮箱都能看见同一公司或广告时，脑中会产生一定印象，从而起到品牌推广效果。

3. BBS

为达到显著的推广效果，我们应该把目光放到一些知名的 BBS 上，因为其在线人数多且分布较广，更具有吸引力，可以通过以一个普通网民的身份宣传公司的网站，让感兴趣的潜在客户访问网站或发布一些软性信息。

（1）寻找目标市场高度集中的行业论坛

知己知彼，方能百战百胜。企业在进行论坛营销时，首先要对本身所在的行业进行透彻的分析，根据分析得出的结果寻找所在行业的一些著名论坛和主题论坛。在主题集中的论坛上进行论坛营销，往往会起到事半功倍的效果。

（2）参与论坛，建立权威形象

在论坛营销的前期，为了打响企业知名度，建立权威性，企业要有自主性，要积极在论坛上参与讨论、发表意见和看法。同时也要时刻留意其他会员的动态情况，当发现其他会员有问题和困难的时候，应主动出击，积极帮忙。久而久之，就会在会员心目中建立起权威的形象，在这时候推广产品和服务，其可信度就会大大提高。

（3）不要发广告

不要在论坛上发广告。大部分网民都排斥论坛上的广告，而且会对发广告的人产生抵触心理。为了避免被会员排斥甚至封账号，切勿在论坛上发广告。

（4）在论坛签名中促销

论坛签名是一个比较好的促销平台，促销的效果和签名的吸引力密切相关。打造个性化签名，应在论坛签名中插进产品和服务的介绍，并且在论坛中留下签名链接，加大宣传力度。这样可以让有意者看到企业的产品和服务。

（5）个人图像和免费推广位

在论坛注册后，制作一张尺寸大小适中的广告图片作为个人图像，加大企业的曝光率。与此同时，也方便看帖的朋友了解企业信息，达到广告宣传的效果。有些论坛的主题会有一个免费的广告位，可以利用这个广告位刊登产品、服务信息，充分达到推广营销的效果。

4. 友情链接

友情链接，也称为网站交换链接、互惠链接、互换链接、联盟链接等，是具有一定资源互补优势的网站之间的简单合作形式，即分别在自己的网站上放置对方网站的 Logo 图片或文字的网站名称，并设置对方网站的超链接（点击后，切换或弹出另一个新的页面），使得用户可以从合作网站中发现自己的网站，达到互相推广的目的，因此常作为一种网站推广基本手段。

一个网站刚上线，没人知道怎么办？登录百度、Google 等各大搜索引擎提交你的网站信息吗？友情链接比你到各大搜索引擎提交来得更快。友情链接是网站之间链接互换是互相推广的一种重要方式。这样可以加深网站之间资源共享、用户共享、互相推荐等，交换的是种友谊，合作的是种感情，这是一种和谐共同发展的网站营销方式。友情链接的主要作用：一是提高网站的 PR，提高 PR 值可以提高网页排名等级，二是提高网站被更新的频率。

5. 同等交换

这种交换一般很容易交换到相关度高的网站，因为彼此网站类型相同，网站的权重都差不多，这样就会容易让对方接受，又能起到优势互补的作用。

6. 微信微博

虽然微博和微信都是社会化媒体，但微博更倾向于社会化信息网络，对于信息的传播速度极快，同时微博属于自由媒体平台，发布的信息无论是好友还是陌生人都是可以看得到的，更像是新闻媒体平台，而微信则倾向于社会化关系网络，平台注重用户圈子的维系，用户在圈子当中可以相互交流、相互分享。

（1）传播速度快，传播范围广

微博、微信是当下发展较快的新媒体形式，与传统的新闻网站最大的区别在于其便捷性。从传播途径来看，微博、微信能引起人们的广泛传播和欢迎，证明它满足了人们对信息获取的需求。从表现手法上看，发布微信、微博的方法非常便捷，受到的限制较少，大多数人都可以通过微信、微博分享身边发生的新鲜事物或者关注的焦点，并抒发情感以及对社会热点的看法。随时关注、发送微博、微信已经成为很多人的一种生活习惯。

（2）无可替代的便捷性与及时性

随着 3G、4G 网络和 H5 技术的不断发展，无论企业或个人，只要有介质（移动端、PC 端），都可以无限畅聊微博、微信。微博、微信事实上因其便捷性和及时性已经成为全球性的新媒体传播平台。企业也可以通过微信、微博快速发布产品相关信息，完成不同层次的营销目标，其影响力和参与规模是传统的线下活动难以比拟的。

（3）传播效果更加明显化

企业运用新媒体的网络传播模式，创造企业的品牌价值，并以增强盈利能力为主要目的。在企业品牌的传播中，方式方法也要不断发展、不断创新，才能加强消费者的品牌认知、认同，并最终转化为购买意愿。从传统的销售模式可以看出，评估产品品牌价值和传播效果是一项复杂的工作，需要大量人工去收集分析数据，才能最终确定。在新媒体的形势下，传播效果可以更加明显化，企业可以更加直观地判断品牌营销效果，通过分析管理微博、微信的相关数据，帮助企业及时发现问题，快速调整方案策略，达到预期的传播目的，完成多样化、全方位的营销和品牌传播。

课题三　网络营销活动策划方案撰写

本课题的目标是通过学习能够充分理解网络营销战略计划的写作规则、编写格式、实施要点和活动评估，能够完成网络营销活动策划方案撰写。主要包括以下几个方面：

- 网络营销活动策划写作规则
- 网络营销活动策划书编写格式
- 网络营销活动策划实施
- 网络营销活动评价体系
- 网络营销活动策划案例

一、网络营销活动策划写作规则

网络营销活动策划方案是为达到一定的营销目标而制定的综合性的、具体的、可操作的网络营销策略和活动计划。一份完整的以网站为基础网络营销平台的网络营销策划方案必须包括以下几个基本要素：网站诊断分析、网站优化、综合网络推广、网络营销培训、收费形式、经典案例、联系我们等七大模块。

网络营销活动策划方案的主要内容包括以下七个方面。

①方案要解决的问题，执行方案后要实现的目标，创造的价值。

②确定负责创意和编制的人员，总执行者，各个实施部分的负责人。

③推广存在的问题，执行营销方案时要涉及的地方、单位。

④提出策划方案的目的，为什么要这样执行等。

⑤时间的安排，营销方案执行过程具体花费的时间。

⑥各系列活动具体操作方式，在操作过程中可能遇到的问题的处理方案。

⑦方案需要的资金，人力。

二、网络营销活动策划书编写格式

（一）策划书名称

尽可能具体地写出策划名称，如“某年某月某网站某活动策划书”，置于页面中央，也可以写出正标题后将此作为副标题写在下面。

（二）活动背景

这部分内容应根据策划书的特点在以下项目中选取内容重点阐述。具体项目有基本情况简介，主要执行对象、状况，组织部门，活动开展原因，社会影响以及相关动机。另外，应说明活动的环境特征，主要考虑环境的内在优势、弱点、机会及威胁等因素，对其做好全面的分析（SWOT 分析），将内容重点放在环境分析的各项因素上，对过去及现在的情况进行详细描述，并通过对情况的预测制订计划。如果环境不明，则应该通过调查研究等方式进行分析加以补充。

（三）活动目的、意义和目标

应用简洁明了的语言将目的要点表述清楚；在陈述目的要点时，该活动的核心构成或策划的独到之处及由此产生的意义（经济效益、社会利益、媒体效应等）都应该明确写出。活动目标要具体化，并需要满足重要性、可行性、时效性。

（四）资源需要

列出所需人力资源，物力资源，如合作的机构、奖品设置、可从合作伙伴那里得到的资源等，可以列为已有资源和需要资源两部分。

（五）活动开展

作为策划的正文部分，表现方式要简洁明了，使人容易理解，然而表述内容要力求详尽，写出所有能设想到的点，没有遗漏。在这部分中，不仅仅局限于用文字表述，也可适当加入统计图表等；对策划的各工作项目，应按照时间的先后顺序排列，绘制实施时间表有助于方案核查。人员的组织配置、活动对象、相应权责及时间地点也应在这部分加以说明，执行的应变程序也应该在这部分加以考虑。

（六）经费预算

活动的各项费用在根据实际情况进行具体、周密的计算后，用清晰明了的形式列出。

（七）活动中应注意的问题及细节

内外环境的变化，会给方案的执行带来一些不确定性因素，因此，当环境变化时是否有应变措施，损失的概率是多少，可能造成的损失有多大等相关内容也应在策划中加以说明。

（八）活动负责人及主要参与者

注明组织者、参与者姓名、嘉宾、单位（如果是小组策划应注明小组名称及负责人）。

三、网络营销活动策划实施

随着互联网上社交网站、论坛、微博及微信等平台的崛起，越来越多的营销者开始关注这些领域，如何能够合理利用这些平台进行产品销售成了热点话题，网络营销活动策划中往往需要把握很多标准，具体有以下几方面。

（一）平台的选择

网络营销活动的实施必须考察平台的可利用率，目前社交网站、论坛、微博及微信都是比较不错的运用平台，选择运营平台的过程中需要进一步进行分析，通过网络市场调查，以数据为基础，对平台的用户群体、用户浏览习惯的分布（主要是主要浏览板块以及停留时间的把握）以及可控性都进行分析，充分掌握实际情况。不仅如此，还必须进一步与平台的相关人员进行更深层次的联系，从中了解借助合作平台所需要的成本，合作之前需要做哪些准备，哪些事情能做，哪些事情不能做，并且当出现不可控因素时该如何着手处理，比如出现对网站的负面评论时，是由合作平台方的工作人员负责处理还是自行处理？这些都需要在进一步深入思考后做出决定。

（二）用户需求的准备

网络策划必须做好充分的准备，像在 SNS 社交网站、论坛、微博及微信等平台进行活动实施时，更重要的是互动性，网站与访客之间的互动性越强，活动的宣传力度越大，所进行的网络营销越有效益。因此，必须加强对需求的收集，尤其是需要大量的账号数据以及评论数据。当然，还必须依靠一部分优质账号，进行充分的互动，这样才能够显得更加真实，更加具有说服力。

（三）专业的问答

活动策划的模式很多，很多活动的目的在于为人们解惑的同时，提高企业形象。在此类型的活动评论中往往会提出各种各样的问题，对于这些问题应该进行充分的解答，当然在解答过程中要做到专业，读者能够从回答中了解企业的核心竞争力、企业的可信度。在专业的同时，也需要具有亲和力，亲和力能够体现企业的服务理念，解答得越详细越体现亲和力，才越能建立良好的口碑。

（四）公关的处理

互联网活动策划中难免会出现一些负面消息，应做好后期的处理。当评论中出现负面消息时，是通过与合作平台相关人员进行协商处理还是需要自身从容面对，这都必须做好相应的准备，才不会手忙脚乱，为活动策划增加难度。提前做好准备措施，打好心理基础非常重要。

（五）多元化模式的结合

互联网存在众多的营销模式，在进行活动策划过程中应该做到充分的结合，多平台的利用能够将效果扩大化，当然每个平台的受众群体有所不同，因此在创意上应该有所改进，通过分析每个平台的优势以及劣势，掌握各个平台的营销规律，合理做好多元化模式的结合。多元化模式结合的同时更应该注意做好平台的数据整理统计以及对比分析。

（六）活动的主题

互联网活动策划的中心在于销售产品，提升企业形象，想要活动的效果得以展现，必须借助良好的活动主题，活动的主题应把握人物、地点、时间三要素，其中在人物的把握上更需要了解目标群体，这样才能够做到有针对性，若活动主题中提及相关人物，应该充分体现其权威性。地点和时间的把握也十分重要，需要考虑是短时间的促销活动，还是阶段性持续一系列性活动，同时时间的利用还要结合用户的时间，这样考虑更加全面。不仅如此，想要得到更多的关注以及再次宣传，还必须突出活动的亮点、奖励的办法等。当然，在很多情况下，活动会受到平台的限制，活动的主题应结合多种模式做到随机应变。

（七）成本的预算

互联网活动的实施都必须考虑到成本问题，都必须对人力和物力提前做好预算准备，成本问题往往管理者非常重视的问题，细化工作必须做好，这直接关系到对这次策划活动的支持程度。成本的考虑上必须把握平台的合作费用，人力的成本，奖励的成本，必要时还需要考虑到数据的成本。往往很多时候受到诸多因素，必须进行数据购买或者与外部团队协作通力完成。

首先策划活动本身发生经费，策划活动本身发生经费指企业要为策划活动所支付的费用，其主要项目：市场调研费用。市场调研通常要委托专业调查公司或雇用专业调查人员进行调查。所以，这是一项重要费用，资金不足会造成调研资料失真，调研结果有误差。因此，要根据市场调研的规模大小和难易程度来准确预算所需费用。信息收集费。主要指信息检索、资料购置及复印费、信息咨询费、信息处理费等。主要是对二手材料相关信息的收集，也是依据信息收集的规模和难易程度来确定。人力投入费。为了完成不同的分工，要投入一定的人力。这一费用比较容易计算。策划报酬。分两种情况，一是企业营销策划人员自行策划，可以奖金形式发放，开支相对较低；二是委托“外脑”策划，则要在事先商定策划费的多少和支付细则，然后据此发放。

（八）效果的评估

在效果分析中常用的定性描述分析方法：系统分析方法和逻辑分析方法。系统分析方法是用系统科学的原理来处理评价市场营销策划。在评价营销策划效果时，用系统科学的基本原理（反馈原理、有序原理、整体原理）对评价的整个过程进行系统的思考，以使评价结果具有较高的可靠性和准确性，以提高评价结果的品质。

四、网络营销活动评价体系

（一）网站硬性指标

网站是否能够让客户很轻松、方便地登录和记住，需要考察包括域名种类分布、域名品牌一致、网站语言版本、域名解析时间、请求响应时间、主机连接时间、下载时间、HTML 综合质量、图片综合质量、首页布局质量、首页信息类型等。

（二）网站推广指标

网站推广是否能让更多的客户访问网站，包括搜索引擎排名、网站知名度、推广方案设计、网络广告设计等。

（三）网站服务指标

网站服务指标包括回应时间、目标客户、客户区、联系层次、联系细分、FAQ（问题解答）、帮助导航、网站地图、服务流程、帮助是否全面、产品分类、产品描述、产品图片、价格建议等。

（四）网站互动指标

客户的互动效果如何，包括客户回应、解决时间、认真程度、产品了解、准确程度、客户社区、客户鉴别、客户忠诚度、深化服务、兴趣调查、需求调查等。

五、网络营销活动策划案例

本案例只适用于教学使用，并非真实案例，案例中没有涉及事项的具体花费，也没有活动策划效果评估。旨在告诉大家网络营销活动策划方案由哪些部分组成，该如何撰写。在撰写网络营销活动策划时，请注意按照具体的活动，详尽地列出工作任务表、完成时限、所花费用等详细计划。因为篇幅所限，只列出目录，未列出的内容请在以下资源中下载。

扫一扫，查看“某家具品牌网络营销策划”。

实例9-1　某家具品牌网络营销策划

一、产品介绍

二、家具行业网络营销环境分析

（一）中国家具行业外部环境分析

1. 中国家具行业政治环境分析

2. 中国家具行业经济环境分析

（二）消费者分析

1. 网络用户分析

2. 中国家具消费需求分析

三、家具行业网络营销策划

（一）网页设计风格

（二）网页功能设计

（三）网页设计定位

四、家具企业网络营销 SWOT 分析

（一）S（优势）

（二）W（劣势）

（三）O（机会）

（四）T（威胁）

五、家具企业网络营销定位

（一）模式定位

（二）内容定位

六、家具企业网络营销策略的选择

（一）产品策略—网站产品

（二）价格策略

（三）网络推广策略

1. SEO 优化

2. E-mail

3. 论坛 BBS

4. 友情链接

5. 微信微博

（四）体验营销

1. 互动区体验区

2. 风格实验室

（五）服务营销

1. 星级售后服务工程

2. CRM 软件应用

（六）营销效果评估

任务总结

本章为网络营销活动策划，是本书的最后一章，力求帮助学生在学完网络营销基础知识的前提下，可以根据不同的产品、市场环境、竞争态势等，结合网络营销的特点，充分利用网络媒体和营销手段，制订适合的营销策略，整合产品、渠道、价格以及促销策略，进而对网络营销活动进行分析，使得学生对网络营销活动的策划与实施有根本的认知。本章的重点是网络营销活动策划的分析与实施。

扫一扫，查看“团队合作的故事”。

EQ驿站

团队合作的故事

深山里住着一位猎人，养着三只动物，分别是鹰、犬和马。每次出去狩猎时主人都带着它们。这三只动物分工明确，鹰负责从空中寻找目标，犬负责追逐猎物，马则负责载着主人追赶猎物，然后驮回家。它们一向表现优秀，从没有失误过。

有一次，猎人在狩猎过程中受伤，于是将三只动物叫到自己床前：“我这阵子不能出去打猎了，但我们还要生活下去。你们已经配合很好了，今天就出去锻炼一下，找一些野兔、狐狸之类的小动物。还是和以往一样，鹰负责寻找，犬负责捕捉，马驮回家。你们各自做好自己工作就可以，回来后我会按照你们的表现奖赏食物。”

三只动物出发了，由于它们之间一向分工明确，所以很快就按照各自的方式开始行动。鹰发现草丛中有一只兔子，立刻告诉犬，犬按照鹰指引的方向飞奔而去，马跟随在犬后面。鹰仔细观察，发现兔子向西跑去，就提醒犬：“注意！注意！兔子向西跑！”犬向西追去。“兔子向南跑！”犬又向南追去。

兔子不断变换奔跑的方向，犬离兔子越来越远。鹰想：“这样哪能抓得到呀！”于是，一个俯冲，将猎物抓住带上天空，再使劲儿从空中摔下，犬一下子冲过去，咬住兔子，叼着回了家。主人很高兴，也没有询问过程，就按照出发前的承诺发放食物。

晚上，三只动物相互埋怨起来。犬：“鹰，你的工作是寻找目标，用得着管我的事？要是主人知道，会觉得我没做好呢。”马：“犬，运送是我的工作，你干吗自己把兔子叼回呢?”鹰：“我好心才帮你的，要不然你怎么抓得到兔子?”犬又说：“我的事不用你管，要是出问题，你负责?”马接着：“犬，这也是我想要对你说的。”

鹰：“好，那我们各司其职，我负责发现与指引方向。”犬：“我负责抓捕。”马：“我负责运回。咱们谁也别管谁。”

第二天，三只动物又出去打猎，大家按照前一天晚上的约定开始工作。鹰发现有一只兔子，就向犬发出信号。犬按着鹰的指示去抓兔子。就在要抓到的那一刻，突然蹿出一只狼和犬扭打起来，犬受了伤。鹰想：“帮它，一定会被骂；不帮，抓不到兔子，犬可能还会受伤。”可是一想到昨晚的怨气，鹰决定还是不去管闲事。

马这时也想要不要去帮犬助阵呢？但一想起昨晚的事，它也决定不去蹚那浑水。于是，犬独自奋战，最后虽然胜了，却没得到猎物，还受了伤，因此当天三只动物空手回到家。主人见后，把它们三个痛骂一顿，还不给它们任何食物吃。三只动物难以理解地摸着自己的脑袋，开始嘀咕：“各司其职，明确分工，错了吗?”

通过以上故事，可以发现团队管理要遵循以下原则才能使成员更好地发挥各自能力。

1. 平等友善

不管你是资深的老员工，还是新进的员工，都需要丢掉不平等的关系，自大或自卑都是同事相处的大忌。

2. 善于交流

同在一个公司、一个办公室里工作，与同事之间会存在某些差异，知识、能力、经历造成你们在对待和处理工作时，会产生不同的想法。交流是协调的开始。

3. 谦虚谨慎

法国哲学家罗西法古曾说过：如果你要得到仇人，就表现得比你的朋友优越；如果你要得到朋友，就要让你的朋友表现得比你优越。

4. 化解矛盾

一般而言，与同事有点小摩擦、小隔阂，是很正常的事。但千万不要把这种“小不快”演变成“大对立”，甚至成为敌对关系。

5. 接受批评

如果同事对你的错误大加抨击，即使带有强烈的感情色彩，也不要与之争论，而是要从积极方面来理解他的抨击。

6. 创造能力

培养自己的创造能力，不要安于现状，试着发掘自己的潜力。一个有不凡表现的人，除了能保持与人合作以外，还需要有人乐意与你合作。

如何进行团队建设

“团队”这一概念并不陌生。团队协作在公司运营中能发挥出的巨大作用。但并不是所有组织都能成为团队。如何去打造一个团队？应从以下五个方面着手去做好团队管理。

（一）各成员定位和职责要分清楚

这样可以避免团队成员之间职能混乱，工作交叉干预、重复建设。定位和职责最好量化到点，具体到单项工作。特别是一些部门组织架构复杂的企业，职责和职能定位模糊，很容易造成踢皮球和工作的重复建设等问题。比如一个团队中，既有企划，也有策划，还有策略、文案，这些岗位工作内容有些相似，如果不明确职责和职能，就有可能出现成员工作积极性不高、工作方向盲目、重复建设严重等问题。

（二）要了解每个成员的性格、才能

要用好人，必须了解员工能做什么，有什么特长，行为方式特征是哪些。企业管理者可以从生活中和工作中去了解，其中，在工作中可以从成员以往工作经历，谈吐、现在的工作表现上入手来了解。一个经验丰富的企业管理者在经过短暂的接触和沟通后很快便能对团队成员的性格、才能有一定了解。

（三）团队目标引导

一个团队运作的时候，要有清晰的定位，这个团队的存在是干什么的，是围绕什么事情在运行的，如果是单个项目组成的团队，企业管理者应该清楚地向团队阐述项目的目标。

（四）要有一套管理制度和工作流程

俗话说，没有规矩不成方圆，一个团队也应有一个大家都遵循的规章制度。很多企业管理者比较讨厌管理制度建设，觉得有些多余，其实不然，企业管理制度是一个判断标准和工作有序进行的保障体系。

（五）要管理好团队，需要有一套合适的绩效激励体系

每个企业的管理模式都不同，但是要驱动每个团队成员前进，得有动力，但值得注意的是绩效激励体系是个性化的。用市场的角度看，就是将每个团队成员当成企业管理者的消费者，实际中每个消费者的需要是不一样的，因此，激励体系也应该在了解成员需要的基础上制定。

检测练习

扫一扫，查看任务九的课后习题。

参考文献

［1］商玮．网络营销［M］．北京：清华大学出版社，2012.

［2］罗绍明．营销策划实训［M］．北京：机械工业出版社，2015.

［3］陈志浩．网络营销［M］．武汉：华中科技大学出版社，2013.

［4］段建．网络推广［M］．南京：南京大学出版社，2014.

［5］2018 年度我国互联网调查数据［DB/OL］．中国互联网数据中心，2018.

［6］中国互联网络发展状况统计报告［EB/OL］．中国互联网数据中心，2017－07.